雪謙文化

醒心

止觀瑜伽法門

原著：米滂仁波切

輯錄：頂果欽哲法王

譯者：敦珠貝瑪南嘉（張昆晟）

釋迦牟尼佛

文殊怙主　米滂仁波切

頂果欽哲法王

雪謙冉江仁波切

頂果欽哲‧揚希仁波切

目次

頂果欽哲·揚希仁波切　序

　　禪修是一種令人們達成內在寧靜祥和、提升覺察力的殊勝方法。很明確地，《寂止及勝觀之瑜伽修法·文殊怙主上師言教 仙人除憂論》一書的內容，即與禪修的練習有關。

　　寂止（奢摩它）是使內心平靜的技巧，而勝觀（毗婆奢那）則讓我們得以超越迷惑，並如實見到實相的途徑。

　　這些甚深教授，是依怙主　頂果欽哲仁波切(1910-1991) 從米滂·蔣揚南嘉嘉措 (1846-1912) 的教授中輯錄而成的，對於實際增進禪修而言，成效格外顯著。

　　願本書的所有讀者都能從中獲得啟發，真的坐下來做禪修的練習，進而達致內在祥和。

　　我也要謝謝雪謙堪布烏金·徹林、敦珠貝瑪南嘉，以及所有為本書翻譯工作付出心力的人們。

頂果欽哲揚希仁波切·烏金滇津吉美倫珠 誌

Dilgo Khyentse Yangsi Rinpoche
Ugyen Tendzin Jigme Lhundrup

Meditation is a wonderful way to achieve inner peace and calm, as well as to develop one's awareness.

The translations contained in this book deal with the practice of meditation, notaly, The Comforting Sage- The Words of the Gentle Protector, Manjushri: Methods to Accomplish the Yogas of Calm Abiding and Special Insight.

Calm abiding, shamatha, is a technique whereby the mind becomes tranquil, and special insight, vipasana, is a means to go beyond our confusion and see reality as it is.

These profound instructions were complied from the instructions of Mipham Jamyang Namgyal Gyamtso (1846-1912) by Kyabje Dilgo Khyentse Rinpoche (1910-1991) and are especially effective for the pratical development of meditation.

I hope all who read this book will find the inspiration to actually sit, practice mediation, and come to attain inner peace.

I would like to thank Shechen Khenpo Ugyen Tsering, Dondrub Pema Namgyal and everyone else who worked on these translations.

By:
Orgyen Tenzin Jigme Lhundrup

中譯序

　　在我的想法裡，本書的出版，與依怙主　雪謙‧冉江仁波切的慈悲是分不開的。

　　猶記得 2012 年，冉江仁波切訪台期間，幾乎在每一個他所造訪的場合，都給了〈釋尊儀軌〉的口傳，並在前行教授的每一天，都領眾共修該儀軌。也正是那年，仁波切於高雄應邀就本書關於寂止禪修的內容進行開示。在我隨行口譯寂止教授的空檔，仁波切與我閒聊，讚嘆起〈止觀瑜伽〉，他說：「精采吧？你有空應該多讀讀，太不可思議了。今天只講了寂止，但勝觀的部分也應該一併讀一讀，很有幫助的。」仁波切不經意的一席話，讓我心裡一直惦記著這篇關於止觀法門的教授，以及殊勝的〈釋尊儀軌〉。今日有幸為本書的出版略盡綿薄，想來也是師恩加被。

　　本書分為三段，第一部分為主題，是前譯寧瑪的巨擘「文殊怙主　米滂仁波切」寫在《釋尊廣傳‧白蓮花》裡的修法，講述透過釋尊身相而修習止觀的瑜伽法門。這段文字，以單篇的形式被獨立節錄下來，收入《頂果欽哲法王全集》。顯然，勝者雪謙傳承的三位聖者──米滂仁波切、頂

果法王、冉江仁波切，他們真知灼見的慧眼目光，不約而同
投向了本師釋迦牟尼佛的紫摩金身，為我等行者，明示一條
不分教派、顯密融通的止觀行法。這篇止觀教授，在寂止方
面，對於修止之前的具體準備、實踐方法以及心路歷程，都
有簡明易懂的闡述；勝觀的部分則討論到：緣起性空的佛教
正見，入座依〈釋尊儀軌〉進行禪修及其修法細節，下座後
如何在日常生活中落實佛法、隨念法性真諦的道理，乃至如
何看待修習過程中的覺受、夢境，以及大乘行者面對死亡時
的準備…等。米滂仁波切以其睿智，引經據典、深入淺出地
將這些大乘法要，言簡意賅地濃縮在這篇幅不長的文章中，
著實令人驚豔。以上內容，不啻為所有大乘行者都應珍視的
精妙法寶。文末，米滂仁波切更進一步，善巧地整合、抉擇
了「依止釋尊而修止觀」與「密乘的上師、本尊法門」之間
的關係。

　　第二部分，是具體觀想、祈禱釋尊的方法──〈釋尊儀
軌・加持寶庫〉；至於第三部分，則是流通甚廣的兩則〈釋
尊讚〉。隨念本師佛陀的功德與行誼，並在此基礎之上祈禱
佛陀，必能增上對三寶的信心，厚植福德，廣開智慧。

　　喇榮五明佛學院的大堪布索達吉仁波切多年前已經翻譯
出版了《釋尊廣傳》，其中已包含〈止觀瑜伽〉的內容，堪

仁波切也已將〈釋尊儀軌〉翻譯流通；至於〈釋尊讚〉，坊間肯定也有許多優秀的譯本。這次不揣譾陋，另行翻譯，只能說是在前人翻譯成果的基礎上，將文字和引文做一番梳理工作。願藉此精簡的單行本，讓人更親近本師釋迦牟尼智慧的光明，進入止觀修持的門徑。長遠來說，希望能夠幫助更多人對釋尊心生虔敬，進而拜讀、重視《釋尊廣傳》這類關於佛陀洪範、意義深遠的鉅著。

　　雪謙佛學會希望我寫篇序，協助讀者更好、更快地認識本書。但劣者如我，實在難堪重任，最終只能東拉西扯地寫下這麼一點心得。

　　　　　　　　譯者　敦珠貝瑪南嘉，謹誌於 2015 年 3 月。
　　　　　　　　　　　　　　　　　　　願賢善吉祥！

【作者簡介】

大密佛法宗師、無畏語獅子、遍知上師

——文殊怙主　米滂仁波切・蔣揚南嘉嘉措

現證怙主彌勒之密意，

猶如文殊通達諸所知，

尊勝十方一如法稱尊，

願其美譽遍滿於大地。

——宗薩蔣揚欽哲旺波〈米滂上師祈請文〉

　　米滂仁波切（1846 - 1912）為文殊師利的真實化現，近世寧瑪派的學者們將他與遍知龍欽巴大師、持明者吉美林巴並稱「遍知三師徒」。他是一位光大前譯寧瑪派教法、整理自宗典籍與見地的巨擘，同時也是一位不分教派、精於新舊譯派宗義的無與倫比大師。

　　尊者自幼夙慧迸發，對於顯密經典、三乘奧義，皆能自然通曉，且得本尊攝受，於一切知識明處均能無礙掌握，除了在巴珠仁波切處，聽聞過《入菩薩行論・智慧品》的講解外，其他經論，僅須上師們為他稍加提點、賜與口傳，便可藉由自力完全通達，不需另外聽聞講授。

　　他是蔣揚欽哲旺波、巴珠仁波切、蔣貢工珠・羅卓泰耶等不分教派大德的心子，被蔣揚欽哲旺波封為實際的補處，工珠仁波切則稱他「摩訶般智達（大學者）米滂嘉措」。

　　以尊者的超卓智慧與傳世鉅著觀之，蔣貢工珠仁波切並未過譽。米滂仁波切確實是一位博通五明、學貫顯密、遍曉新舊各派、通達究竟勝理的摩訶般智達。孩提時期，尊者便以遊戲的形式，留下了解說究竟見地七大難題的《定解寶燈論》；另外，在蔣揚欽哲旺波尊者指示下，米滂仁波切寫下為數可觀的經典注釋以及五明著作，包括：天文曆算、聲明詩學、工巧明、醫學口訣乃至機械工程方面的作品；佛教內明共通乘的《俱舍論頌疏》，戒律學的《律經注釋》，因明學則有《釋量論釋》、《集量論釋》等，中觀方面也有《中論疏》、《入中論略釋》、《中觀莊嚴論釋》、《智慧品釋》，關於般若亦有《略說般若義》；廣泛涉略顯密的《入智者門》、《功德藏略釋》；密宗專著方面，則有著名的《八大法行廣說》、《時輪大疏》、《祕密藏續總義・光明藏》等各種善說傳世。

　　雖然身為一位應化人間的大菩薩，米滂仁波切各方面的行誼，卻都再再顯露其穩重踏實的漸道修行者氣質。就一位密宗行者的身分來說，尊者從未對上師、乃至上師的眷屬與

其他法友產生邪見，總以清淨觀看待一切，甚至上師的玩笑話，也奉為金剛語，鄭重以對；在修行方面，尊者力行嚴格的座上修持，念誦咒語、觀修本尊法門時，絕不夾雜無義語言與低劣分別念。不論從哪個層面來看，尊者都堪為所有修行者的表率。

依怙主　頂果欽哲法王與米滂仁波切的關係甚密。法王出生於鄧柯地區時，米滂仁波切正好在頂果家族居所的後山閉關。米滂仁波切非常關愛法王，除了為他加持、修法之外，也保證生生世世護佑法王。法王在他的《自傳》中表示，自己之所以能在學法、講經方面獲得些許理解，都是米滂仁波切的大恩所致，他絕對確信米滂仁波切是文殊師利的化身。

最後，由於濁世眾生福德短淺，因緣不足，米滂仁波切在仍有佛法偉業未竟之時，於六十七歲示寂。

頂果欽哲法王簡傳

　　頂果欽哲法王是最後一代在西藏完成教育與訓練的偉大上師之一。他是古老的寧瑪巴傳承的主要上師之一，是實修傳承的傑出持有者。在他一生中，曾閉關二十二年，證得許多受持法教的成就。

　　他寫下許多詩篇、禪修書籍和論釋，更是一位伏藏師——蓮師埋藏之甚深法教「伏藏」的取寶者。他不僅是大圓滿訣竅的指導上師之一，也是窮畢生之力尋獲、領受和弘傳數百種傳承的持有者。在他那個世代中，他是利美運動（不分派運動）的傑出表率，以能依循每一教派本身的傳承來傳法而聞名。事實上，在當代上師中，只有少數人不曾接受過他的法教，包括至尊達賴喇嘛等多數上師都敬他為根本上師之一。

　　集學者、聖哲、詩人和上師之師於一身，仁波切以他的寬容大度、簡樸、威儀和幽默，從未停歇對緣遇人們的啟迪。頂果‧欽哲仁波切於一九一〇年出生在東藏的丹柯河谷（Denkhok Valley），其家族是西元九世紀赤松德贊王的嫡系，父親是德格王的大臣。當他還在母親腹中時，即被著名

的米滂仁波切指認為特殊的轉世。後來米滂仁波切將他取名為札西‧帕久（Tashi Paljor），並賜予特殊加持和文殊菩薩灌頂。

仁波切幼年時便表現出獻身宗教生活的強烈願望，但他的父親另有打算。由於他的兩位兄長已離家投入僧侶生涯：一位被認證為上師轉世，另一位想成為醫師，仁波切的父親希望最小的兒子能繼承父業。因此當仁波切被幾位博學大師指認為上師轉世時，他的父親無法接受他也是祖古（tülku）——上師轉世——的事實。

十歲那年，這個小男孩因嚴重燙傷而病倒，臥床幾達一年。多聞的上師們都建議，除非他開始修行，否則將不久人世。在眾人懇求之下，他父親終於同意這個小孩可以依照自己的期盼和願望來履行使命。

十一歲時，仁波切進入東藏康區的雪謙寺，這是寧瑪派六大主寺之一。在那裡，他的根本上師，米滂仁波切的法嗣雪謙‧嘉察，正式認證他為第一世欽哲仁波切——蔣揚‧欽哲‧旺波的意化身，並為他舉行座床典禮。蔣揚‧欽哲‧旺波（1820～1892）是一位舉世無雙的上師，與第一世蔣貢‧康楚共同倡導全西藏的佛教文藝復興運動，所有當今的西藏大師都從這個運動中得到啟發與加持。

「欽哲」意即智慧與慈悲。欽哲傳承的轉世上師是藏傳佛教發展史上的幾位關鍵人物，其中包括赤松德贊王、九世紀時與蓮師一起將密法傳入西藏的無垢友尊者、密勒日巴尊者弟子暨噶舉派祖師的岡波巴大師（Gampopa）、十八世紀取出龍欽心髓（Longchen Nyingthig）的吉美林巴尊者等。

在雪謙寺時，仁波切有很多時間住在寺廟上方的關房，跟隨其根本上師學習與修行。在這段期間內，雪謙‧嘉察授予他所有寧瑪派的主要灌頂和法教。仁波切也向其他許多大師學習，包括巴楚仁波切著名的弟子卓千堪布賢嘎。堪布賢嘎將自己的重要著作《十三部大論》（*Thirteen Great Commentaries*）傳給他。他總共從超過五十位上師處得到廣泛的法教與傳法。

雪謙‧嘉察圓寂前，欽哲仁波切向他敬愛的上師許諾：他將無私地教導任何請法之人。此後，從十五歲到二十八歲間，他大多數的時間都在閉嚴關，住在偏遠的關房和山洞裡，有時只住在離出生地丹柯河谷不遠山區裡突出山岩的茅棚中。

頂果‧欽哲仁波切後來伴隨宗薩‧欽哲‧卻吉‧羅卓（1896～1959）多年，他也是第一世欽哲的轉世之一。從卻吉‧羅卓處接受了《大寶伏藏》（*Rinchen Terdzö*）的許多

灌頂之後，仁波切表示他想將餘生用於閉關獨修。但卻吉·
羅卓回答：「這是你將所領受的無數珍貴法教傳下、授予他
人的時候了。」從此，仁波切便孜孜不倦地為利益眾生而努
力不懈，成為欽哲傳承的標竿。

離開西藏後，欽哲仁波切遍歷喜瑪拉雅山區、印度、東
南亞及西方各地，為眾多弟子傳授、講解佛法，多半由妻子
桑雲·拉媄（Sangyum Lhamo）和孫子暨法嗣的冉江仁波切
（Rabjam Rinpoche）隨侍在旁。

不論身處何地，仁波切總是在黎明前起床，祈請、禪修
數小時後，再開始一連串活動，直到深夜。他能夠安詳自在
地完成一整天的沈重工作。無論他做什麼——他可以同時處
理幾樣不同的工作——似乎都與他自然流露的見、修、行一
致。他的弘法與生活方式已和諧地融為一體，渾然融入了修
行道上的各個階段中。他也廣作供養，一生中總共供了一百
萬盞酥油燈。所到之處，他也資助許多修行者和有需要的人
們，其謹嚴的態度，只有極少數的人知道他所做的善行。

仁波切認為在聖地建塔興寺有助於防止戰爭、疾病與饑
荒，並能促進世界和平，提升佛教的價值與修行。在不丹、
西藏、印度及尼泊爾，他不屈不撓地啟建、重修了許多佛塔
與寺院。在不丹，他依照先前為國家和平所做的預言，建造

　　了數座寺院供奉蓮師，並蓋了一些大佛塔。漸漸地，他成為全不丹人，上至皇室下至平民最尊敬的上師之一。近幾年，仁波切重返西藏三次，重建並為毀於文革時期的雪謙寺開光，且以各種方式捐助修復了兩百間以上的西藏寺院，尤其是桑耶寺、敏珠林寺（Mindroling）和雪謙寺。在印度，他也在佛陀成道的菩提樹所在地菩提迦耶建了一座新塔，並計畫在北印度其他七處和佛陀有關的偉大聖地建塔。

　　在尼泊爾，他將豐富的雪謙傳統搬入新家——位於波納斯大佛塔（stupa of Bodhnath）前的一座宏偉寺院。此寺成為他的主要駐錫地，可容納住持冉江仁波切所領導的眾多比丘。欽哲仁波切有一個特別的願望，希望這座寺院能成為以原有純淨傳承來延續佛法的道場，如同他們先前在西藏所學習、修行般。他也投注相當大的心力教育傑出的年輕上師，使其能擔負延續傳統之大任。

　　西藏的佛書與圖書館歷經大規模的破壞之後，很多著作都只剩下一、兩個副本。仁波切花了多年時間，盡可能印行西藏佛法的特殊遺產，總共印製了三百函，包括蔣貢康楚的《五寶藏論》（five treasures of Jamyang Knogtrul）。直到晚年，仁波切都還在尋訪他尚未得到的傳承，並傳授弟子他所持有的傳承。終其一生，在數不盡的法教中，他曾傳授兩次

一百零八函的《甘珠爾》（*Kangyur*），以及五次六十三函的
《大寶伏藏》。

　　他在一九七五年首度造訪西方，此後又造訪多次，包括
三趟北美之行，並在許多國家傳法，尤其是在他歐洲的駐錫
地，位於法國多荷冬的雪謙‧滇尼‧達吉林（Shechen
Tennyi Dargyeling）。在那裡，來自世界各地的弟子都從他
身上獲得了廣泛的法教，有幾批弟子也在他的指導下開始傳
統的三年閉關修行。

　　透過他廣大的佛行事業，欽哲仁波切不吝地奉獻全部生
命於維續、弘揚佛法。讓他最感欣慰的事，就是看到人們實
修佛法，生命因發起菩提心和悲心而轉化。

　　即使在生命的最終幾年，欽哲仁波切非凡的精神與活力
也甚少受到年歲的影響。但在一九九一年初於菩提迦耶弘法
時，他開始示顯生病的初步徵兆。然而，在結束所有教學課
程後，他仍繼續前往達蘭莎拉（Dharamsala），順利地以一
個月的時間，將一系列重要的寧瑪派灌頂和法教傳給至尊達
賴喇嘛，圓滿後者多年的祈請。

　　回到尼泊爾後，正值春季，他的健康持續惡化，許多時
間都花在默默祈請與禪修中，每天只保留幾小時會見需要見
他的人。後來他決定前往不丹，在蓮師加持的重要聖地「虎

穴」（Paro Taktsang）對面閉關三個半月。

　　閉關結束後，仁波切探視幾位正在閉關的弟子，開示超越生死、超越任何肉身化現的究竟上師之意。不久後，他再度示現病兆。一九九一年的九月二十七日夜幕低垂時，他要侍者幫助他坐直。次日凌晨，他的風息停止，心識融入究竟空性之中。

【譯者簡介】

　　敦珠貝瑪南嘉（張昆晟），政治大學民族學系碩士，現
為該系博士生，研究方向為藏族原始信仰與康巴藏族歷史文
化。目前從事藏漢語文翻譯工作。

寂止及勝觀之瑜伽修法・
文殊怙主上師言教仙人除憂論

文殊怙主米滂仁波切 造論

收入《頂果欽哲法王全集ヨ函》

敦珠貝瑪南嘉　譯

南無咕汝釋迦牟尼耶（頂禮上師釋迦牟尼佛）！

要藉由觀想本師佛陀的身相而禪修止觀瑜伽，得先具備「為了利益一切有情，應當證得佛果」的珍貴菩提心，然後這樣思維：

我已得到暇滿的人身，遇到了如來的教法，在這時候，應該要放下只會帶來微薄成效的世間法。雖然供養如來身像等善事，能產生無量福德，但是，這些透過財物而累積福德的方式，如來主要是針對在家眾作教誡的。因此，最殊勝的培福之道，就是追隨佛陀的出家眾能夠持戒，並善觀內心，這是佛所讚嘆的。所以我也要按照如來的話語，盡力依此修行。尤其無始以來，我們在無邊長劫中，總是受著種種妄念如同狂風、烏雲、大海驚濤一般，日夜不斷地翻攪，以致未曾證得任何稀有功德，至今仍受諸般痛苦折磨。如此一來，如今無論如何都要掙脫外內夾攻而來的各種妄念之網。而即使在一剎那間觀想佛陀身相，也能得到廣大福德，意義深遠。所以我今應當觀想如來身相，如理修持寂止與勝觀之瑜伽。為了要成辦此事，祈願上師、勝者諸佛與佛子大眾賜予加持！

　　帶著專注的熱忱、猛厲的誓言，首先，要遠離繁雜瑣事——在白天不會人來人往，夜裡也無嘈雜喧囂等禪定干擾源的地方，保持著禪定的威儀，安坐在舒適坐墊上。內心之中，要圓滿具足種種前行教法所說的道理，由一位技藝精湛的畫師，按照儀軌繪製一尊精美且令人見而生喜的釋迦王如來像（釋迦牟尼佛像），此像的尺寸須符合大約一搩[1]高、便於目視…等造像度量的規範。接著，以信解心的力量，隨念如來的加持，並念誦〈緣起咒〉，為之開光。將此像置於離自己既不會太近、也不會太遠，約為雙目垂視時目光即可落於該像的距離。

　　接著，端視此像，並且信解此像即為如來真身，如此思維：

　　如來乃由無量不可思議福德與智慧之因所成就，猶如優曇花一般，曠劫偶然，才會應化於世間。如來具足三十二種妙相、八十種隨好，妙好間飾，令人見無違逆，此乃人天世間最極巍峨莊嚴、燦爛明然的佛陀色身，往昔曾於此剎土中，為一切有情所共睹，並曾演說教法，以種種方式，顯示神變；為了饒益所化眾生，示現出走動、出行、起身、入眠

1　一搩：手掌打開時，拇指尖到中指尖的距離，約十二個指幅寬。

等威儀。佛以此等方式，使無量有情的善根得以成熟。我等本師釋迦牟尼佛——或稱為釋迦獅子——降生於釋迦王族，後來成就了佛果，繼而在靈鷲山等地，為菩薩、聲聞、凡夫等會眾，暢演佛法……。

心裡要想著這些象徵意義和事蹟，並且思維：**如此善妙的如來，其身形、姿態，正如此像！**

如來具足諸般戒律、等持、智慧、解脫、見善妙解脫智蘊等無漏法，此等功德，即使盡虛空界也無法盡述，不可思議。

他以大愛攝受了我們，為了我們，歷經無量苦行。此等道理，可從〈釋尊儀軌〉之補篇（《釋尊廣傳·白蓮花》）中，〔【原註】海塵婆羅門如何發心等情形〕加以了解。

就像這樣，佛陀歷經三大阿僧祇劫，以六度萬行，累積了不可思議、無法言喻的福德與智慧資糧，從而遠離一切蓋障，摧滅四魔，無餘圓滿一切功德法，證得遍曉一切所知的大智之身，盡未來際，成為一切有情的無上皈依處、怙主、靠山與親友。若有人憶念如此薄伽梵（佛世尊），對其頂禮，稱念名號，見其身像，或者一心觀想……等，其所成就的善根無論再小，也將成為最上菩提之因，這是如來過去的願力及佛之不可思議智慧力所致。因此，要想著：**我們多麼**

幸運！並隨念佛陀，生起廣大信心。

　　再來，觀想具足如此功德的如來身像時，心不要太過緊繃，也不要太過放鬆，要緩和有序地進行，不失正念與正知，從而持續掌握自心。除了觀想佛陀之外的一切念頭，都要從自己心中遠遠拋掉，只專注於觀想一事。應該要盡力朝著「最終將會接連不斷地專注於所緣境」去做。總而言之，就是要一直修習，直到達成「以九住心的方式，成就欲界一心不亂」的地步。

　　其中，我們可以觀看整個佛身來做觀想；為了獲得聖法，解決昏沉，我們也可以藉無見頂相（頂髻相）來掌握內心；為了獲得等持，解決掉舉，我們則可直視心間的吉祥結來掌握內心；為了培植廣大福德並獲得安樂，我們可觀想有如白螺般的眉心白毫相來掌握內心；為了要讓廣妙梵音宣流，周遍世間，藉說法饒益有情眾生，應該觀想六十妙梵音的源頭──具有三道法螺紋路的妙頸相……如是等等，無論喜好觀想何處，都應無有動搖地掌握自心。

　　如此掌握自心，剛開始會像在抓蛇一樣，非常難以調伏，感覺心很粗猛，這就是所謂「第一階段的覺受──如同峭壁急流的動搖覺受」。此時，會心猿意馬。但是當知：自己的心總是像這樣動搖著的。

就如《妙臂菩薩所問經》[2]所言：

心如閃電如風亦如雲，
也如汪洋大海之波濤，
具欺誑性且隨諸境轉，
動搖飄忽故定須調伏！

我們應該想著：**一切有情都像這樣，受到渙散的心支**
配。因此，無論如何我都不應懈怠，而要精進修持。若精進
投入，無事不成！應該興起如此心志，盡力地精進觀想。

透過這般精進，日久功深，過去猛厲、粗大、野蠻而
強烈的種種妄念將稍獲平息。但緊接著又會發生種種妄
念——這眾多翻攪起伏的念頭總是在發生的階段，就是所謂
「第二階段的覺受——如同峽谷溪澗般的有得覺受」。雖然
峽谷溪澗的水勢急促，隆隆作聲，但比起峭壁急流，就顯得
稍緩了些，因而有此譬喻。若能接著精進不捨、保持下去的
話，心中起分別念的間隔將會延長，似乎能夠專注於所緣境
上。

2　此偈未見於漢譯《妙臂菩薩所問經》中，故依藏譯本重新翻譯。

　　雖然如此，假使仔細觀察，仍會發現不斷有許多細微的分別念會冒出來。這就是所謂「第三階段的覺受——串習覺受」。它的譬喻是：如同江河徐緩而行。從遠處看，這江河壯闊，但卻看似不動；然而，走到近前才會發現，它根本不曾稍歇，正不斷地滾動著。

　　自此以後，若能不捨精進，勤奮努力的話，修行便不會再像過去那樣折騰、辛苦了。所以，從此之後更要持續保持精進。

　　如此修持，即使細微的諸般分別念仍會動搖，但也能得到平息。也就是說，能做到「要刻意專注於所緣境多久都可以」。但是，這種境界並非任何外緣都無法撼動的，此即所謂「第四階段的覺受——如同海面無波的穩固覺受」。之所以如此稱呼，是因為心已經達到穩固安定了。獲此覺受後，在此境界中，就已經不再需要太費力。

　　若能長時串習，就會出現「第五階段的覺受——有如山嶺的究竟覺受」。此種覺受，與「無勤作行」的要義，實際上是一致的。因為，此時不論心緣任何所緣境，都能自然相契；不需勤作，便能隨心所欲地朗朗安住，而且也不會被分別念所動搖，已經成就所謂的「欲界一心不亂」。

　　屆時，由於心已達安住，將會出現種種覺受。於此境

界繼續串習的話，將會得到「身心輕安」。因為已達身心堪能，所以即使在數日之中，心緣任何所緣境，都完全不會有身體或內心力有未逮之感；身體輕柔，有如棉絮；內心極為澄清，充滿安樂。

　　關於輕安，首先它也會有粗分的沉重、堅固之感，之後經由串習，前種〔沉重、堅固的〕感受就會消失，〔輕安〕就像是影子一樣淡淡的，且會產生「不動的澄明寂止」，它是同分正行禪定心（也就是與正行禪定心相似）。如此的禪修，才稱得上是「寂止」，因為它是具有輕安的心，被稱為「初禪的『近分未至定』[3]」。

　　藉此功夫，不論禪修有相有緣的法門，或無相空性法門等任何法，均無不可。

　　其中，成就寂止的輔助修法，還包括了四種作意[4]以及六力[5]等諸多名目，但實際上都可包含在「無論心緣何處，

3　也就是還沒得到初禪的等持，但透過得定之前的預備功夫（未至定），也能夠達到斷除欲界煩惱的程度。

4　四種作意：修等持時，心趣入所緣境的作意狀態。包括：有勵力運轉作意（需要刻意專注而趣入所緣）、有間缺運轉作意（心外散後，須再令其安住）、無間缺運轉作意（連續不斷趣入所緣）、無功用運轉作意（既不間斷，亦不觀待勤作即能入於等持）。

5　修止過程中有助於成辦九住心的方法，即：聽聞力、思維力、正念力、正知力、精進力、串習力。

皆能以正念、正知而持心，藉此串習而生起五種覺受」之中。

　　成就如此寂止時，由於內心已達堪能，將令身體容光煥發而舒暢，擁有力量，亦可使內心澄清明晰，順利從事任何事業，身心無處不遍布著無量的歡喜與安樂，且能令煩惱淡薄，體會到符合內在寂靜殊勝妙樂的感受。

　　藉由緣觀佛陀身相而修持如此寂止法門，能使自相續獲得福德力，並直接得到佛陀加持，或於覺受中、夢中見到佛陀，得到教法…等，有此般功德。

　　如果成就了這樣的寂止，便應該進行勝觀的瑜伽法。

　　若問：勝觀是怎麼一回事呢？

　　是這樣的：首先，將修寂止時所用的繪畫佛像當成緣觀的所依物，心住於其上；最後，若能做到即使沒有緣觀的所依，也能在心意中現起佛像而住心……如是等等，達到隨心所欲時，便是成就了寂止。

　　屆時，雖然沒有所依物，也能於自己心中善加明觀佛陀身相，而明朗地顯現出等持的有相色身顯相。也就是說，首先在心中燦爛明然地觀想佛身，如同鏡中的影像一般；接著，由於串習更為增強，所以能在自己的根境前，明晰作觀，猶如親見佛身；若再繼續串習，那麼，即便是在其他眾

人的根境前，也能見到所緣觀的顯相。

這就是前譯派許多念修文所說的：首先顯現為心意的對境，第二顯現為根門的對境，第三顯現為可觸之對境。

在達成其中第一階段的明觀（能於心意中明觀）時，便應修持勝觀。方法如下文所述。

想著：**如此在自己心中有著如親見一般、燦爛明然的佛身，具足相好莊嚴，令人悅意，但也僅是自心串習力的顯現而已，無所從來，亦無所去；若加以觀察，則了無所有，不論從內或外，悉不可得；依心而有，僅是藉由串習之緣起力方才顯現。**

若對顯現之處——心——也作一番檢視，則不論於內或外，都找不到心，心是離基、無根的。既然如此，則在心上所顯的相，又何需多言？更非真實了呀！所以，如此顯現，根本沒有絲毫自性。就像這個顯現一樣，所謂「諸佛真實應世」，也是因為有情眾生自心清淨的善根，加上諸佛過去宏願的交互緣起作用所生，正如同清晰的鏡面能映照出人的影像一般，即使這些顯相會無欺地顯現在世間眾生的所行境中，但如來是絲毫不能用蘊、處、界等種種法來加以分析的，因為佛陀的法界平等智慧身難以揣度。這就像《智光莊

嚴經》[6]中所說：

> 所謂如來乃以無漏善，
> 而具善法形像卻非實，
> 其中無真如性無如來，
> 於眾世間普遍現形像。

另外，《現在諸佛住世等持經》也說：

> 諸佛、菩提，乃由心安立，
> 心亦自性光明極清淨，
> 無濁，不與眾生相混雜，
> 誰知此理，當證勝菩提。

應如經中所說，以智慧辨析並領會箇中道理。

體認此般道理後，便知：就如同如來的顯現一樣，蘊、界、處所攝的一切顯有諸法，也都是互相關聯、仗緣而起，如是顯現於世間，並被世間眾生所感受；這一切都只僅是各

6　此偈未見於漢譯《智光嚴經》中，故依藏譯本重新翻譯。

自因緣條件交互作用下的顯現而已，若善加觀察，便會發現：除此之外，於任何法之中，皆得不出屬於其本身的自性。這就像是幻象、夢的顯現等等。事實上，沒有任何一法真的如我們所想像的那樣。諸法既無來去，也無生滅。

　　愚者凡夫們對於顯現不加觀察，只耽著顯相的表面，執著「有生有滅」等事。就像是有眼翳症狀的人，會試圖把眼前看似髮絲的影像給移除一樣，無始以來，眾生的內心受到無明的眼翳所障蔽、染污，所以無法認識真正的實相。但在了悟真正實相者們看來，並不需要否定這些顯現，他們見到「這些現象完全不像所顯現的那樣有自性可言」，而了悟「就其本性而言，此等萬法本即無生」，正如《無熱惱龍王問經》中所說：

　　　仗緣所生，彼即為不生，
　　　亦即：生者其性本來空。
　　　佛云：「凡依緣起即是空。」
　　　了知空性即是不放逸。

　　另外，《般若經》也說：

一切諸法如夢幻，

涅槃亦如夢似幻。

若有一法，超勝涅槃，其亦如夢似幻。

《三摩地王經》則說：

有如陽焰、尋香城，

亦如幻術與夢境，

觀其性相體即空，

諸法應作如是觀。

《中觀根本慧論》也說：

如幻亦如夢，

如乾闥婆城，

所說生住滅，

其相亦如是。

　　因此，佛陀身相雖然會顯現在心中，然而，就其自性本身而言，一切所緣事物，本來皆空。一切法都如是，

「我」也如是——「我」的如實自性，就是佛自性；佛的如實自性，也即諸法自性。這就如同《智光莊嚴經》所說：

> 恆時無生之法即如來，
> 一切諸法亦皆如善逝，
> 劣慧愚夫執著有相眾，
> 受用諸世間皆無之法。

《瑜伽師地論・攝抉擇分》說：

> 當知一切眾生如知我，
> 當知諸法如知一切眾，
> 生與無生二皆不分別，
> 即行最勝般若波羅蜜。

《中觀根本慧論》又說：

> 如來過戲論，
> 而人生戲論，
> 戲論破慧眼，

是皆不見佛。
如來所有性，
即是世間性；
如來無有性，
世間亦無性。

　　正如其所說，就究竟實相而言，一切諸法皆平等安住在「超越生與不生等戲論諸網的法界」中。此理有如《慧海所問經》所言：

此法無垢淨善自性為光明，
有如虛空平等本來未曾生，
不生未生不住亦無有遮滅，
此為諸佛手印無垢亦不動。

《華嚴經》中也說：

微妙白晶金仙如來道，
無念、非分別境，難照見，
自性寂靜無生亦無滅，

善巧明智之人方通達。

本性乃空，寂靜無諸苦，

解脫相續平等涅槃境，

無有中邊文字不能詮，

解脫三時有如虛空性。

聖者羅睺羅曾說過：

不可言思般若波羅蜜，

無生無滅猶如虛空性，

各別自證智慧所行境，

三時勝者佛母我敬禮！

這就像怙主龍樹菩薩說的：

自知不隨他，

寂滅無戲論，

無異無分別，

是則名實相。

　　如此抉擇「超越一切言詮、戲論、所緣行境之真如性」
的瑜伽士，暫時先以了悟一切諸法如幻的等持，安住於「如
幻的如來身相」，也就是透過觀看如來身相以及聽聞佛法等
方式，修學如幻行境的各種變化。

　　之後，則安住在「無可言詮、平等性、各別自證的空
性」當中，以此方式，將能夠得到相應法忍；循此薰修，不
久之後，無疑將會現前見道的智慧。

　　以上所說，乃是將現今諸佛住世等持、唯一莊嚴等持
的意義，明確講述成為實修口訣的。

　　那些不能按此方法如理實修者，也可以經常進行「隨
念釋迦牟尼佛」的瑜伽行法。按照〈釋尊儀軌‧加持寶
庫〉，作皈依、發心的觀想：

　　諸佛正法眾中尊，
　　直至菩提我皈依。
　　我以施等眾福德，
　　為利有情願成佛。

並且以具足定解的堅定誓願，念誦三回。

　　接著，在禪修四梵住（慈、悲、喜、捨）之後，於緣起性空的雙運如幻顯現境界中，照著〈釋尊儀軌〉的念誦內容進行觀想：**阿！無生空性以及緣起之……**。再懷著「佛陀真實安住於此」的渴慕之心與堅固的信心，進行頂禮等七支供。七支供乃是具足善巧方便的菩薩們剎那用心便可成就多劫資糧的法門，匯集了累積資糧、清淨罪障、增長善根之要義。

　　為令所希求之果不會失壞，應按照經典所言，懷著信仰佛陀的態度而祈請，並就所求之事進行發願，接著，對諸佛世尊懷著專一的信心，觀想：身體化為剎塵數作頂禮，並以一切供養具進行供養，想著：**乃至獲證無上菩提，我與一切有情盡皆皈依！**如此信心致志地盡力稱名念誦：**頂禮、供養、皈依上師、本師、薄伽梵、如來、阿羅漢、圓滿正等正覺、吉祥釋迦牟尼佛！**

　　之後，以催動如來心意相續的方式，念誦陀羅尼咒。觀想：**以此為緣，如來身放光芒相，周遍虛空，融入我與所有眾生，遣除一切蓋障與痛苦，令眾生各具安樂，使我相續中如理生起信心、總持、等持、辯才、般若智慧等大乘道功德，獲得不退轉位，最終成就無上大菩提佛果之緣分。**

　　如此思維，並盡力念誦陀羅尼咒。

　　《大寶積經・出現光明會第一十一之一》中有言：

我以不思議
善業因緣故，
遠離諸迷惑，
成就種種光。

又說：

由如是無作，
現無邊色光，
隨其所意樂，
皆令得滿足。

　　或於一光中，生出二種色，乃至無量色之種種光芒，
包括了：雲淨照光明、眼清淨光明、耳清淨光明、舌清淨光
明、身清淨光明、心清淨光明，亦有色清淨光明、聲清淨光
明、香清淨光明、味清淨光明、觸清淨光明、法清淨光明、
地清淨光明、水清淨光明、火清淨光明、風清淨光明、空清
淨光明，蘊清淨光明、界清淨光明、諦清淨光明、剎清淨光
明、聲清淨光明、念清淨光明、辯清淨光明、日和合光明、
顯現義光明、青色相光明、黃色相光明、赤色相光明、白色

相光明、勝功德光明、龍威力光明、象威力光明、師子王光明、牛王光明、月清淨光明、勝龍王光明、龍調伏光明、夜叉調伏光明、覺悟女光明、覺悟男光明、金剛威力光明、顯現空光明…等，全淨光者，其光能生往昔善；法本性光，其光能動俱胝剎；調伏魔光，其光威德令魔怖；福德幢光，持其名者離危厄；有力幢光，持其名者離怨對；寂靜幢光，持其名者離貪欲……，僅僅受持其名，便可遣除邪行、破戒等一切過失。僅是受持光明的名稱，亦能圓滿持戒、三昧等功德，令愚昧等諸煩惱皆趨消滅，獲得安樂，無有熱惱，超越一切戲論，生起了知三世等諸般功德。

　　無憂光等一一光芒，皆有八十萬數支分光。諸如此類，如來所擁有的相異光芒之數，甚至超過佛國剎土之微塵數。又，以佛所擁有的種種光芒，能全面成熟諸有情，圓滿一切希求所欲。

　　《菩薩藏經》也說：

諸佛無邊光，
光網難思議，
無邊佛剎海，
周遍諸方所。

　　此外，也應該憶念《大方廣佛華嚴經》、《寶炬經‧吉
祥賢品》等經中所說內容。

　　在此，應盡量實踐前述的止觀瑜伽，藉以修習相似的
止觀。

　　結束修座時，要獻供曼達，進行禮讚與祈禱，並迴向
善根，也可以加上適合的發願文。

　　這裡不需要做「送本尊返回」以及「收攝」這類的修
法，因為不論緣觀佛身在任何地方，佛身即住於該處。猶如
虛空一般平等性的佛身，並沒有來去，也沒有生滅、增減。
所以，無論什麼樣的場合、時間，都可以憶念佛陀。

　　在各個座間時段，則可讀誦各種經典，或者盡力精勤
地透過頂禮、供養、轉繞等方式培植善根。若做不到這些，
就盡力憶念佛陀，於內心再再提起諸行無常、有漏皆苦、諸
法皆空而無我、涅槃寂靜等思想。

　　就寢時，只要還沒睡著，就應該行持善法；行將入睡
時，則觀想佛身光明照遍一切，禪修光明想。這就如《決定
義法門經》所說：

　　**諸比丘！於意云何？若修眾等持，將得智見。諸比
丘！比丘應善持光明想，諸比丘！當如是知：譬如春末，空**

中無雲，無雲之日，日輪相中，一切光芒，悉皆清淨，光明白亮，而非黑闇。諸比丘！同理，比丘善持光明想，善作意之，善體察之，善了悟之。常存白晝想，於心中觀彼光明，日間如何，夜間亦同；夜間如何，日間亦同；先前如何，往後亦同；往後如何，先前亦同；下方如何，上方亦同；上方如何，下方亦同。亦即：如是剖析，以無貪執之心，常存白晝想，於心中修彼光明，此乃一切等持禪修之所依處，若能數數觀修，將見智慧。

　　像這樣子，平時應該按照著隨念能仁王 [7]（釋迦牟尼佛）的儀軌，精進修持，之後，則打從心底將種種善根迴向無上圓滿菩提。

　　若能如此精進而行，便能透過安住於「世俗如幻、勝義離戲」的理趣，成就止觀。這樣的人們將會得到現見佛陀、從其聞法等諸般殊勝的道上功德。

　　即使僅做相似修法的人們，也能獲得各種加持與悉地，發生諸如夢見如來等善妙吉兆。

7　能仁王：佛陀的別稱，有時專指釋迦牟尼佛，有時泛指諸佛。本譯文中，視前後文義，酌情譯為能仁王或佛陀。特此說明。

此外，關於夢兆吉凶，則如《大乘四法經》中所言：[8]

聖文殊師利童子語具善勝天子云：復次，菩薩有四種
法障夢。云何為四？謂：夢月墮於平地井中，夢月現於濁泉
池中，夢月在空大雲所覆，夢月在空煙塵所翳。是為四。

復次，菩薩有四種業障夢。云何為四？謂：夢墮大險
處，夢高下道，夢礨曲道，夢迷方驚怖。是為四。

復次，菩薩有四種煩惱障夢。云何為四？謂：夢毒蛇
擾亂，夢群獸惡聲，夢落賊難處，夢身蒙塵垢。是為四。

復次，菩薩有四種得陀羅尼夢。云何為四？謂：夢大
伏藏諸寶充滿，夢清池中眾花齊敷，夢得雙淨白疊，夢諸天
持蓋覆上。是為四。

復次，菩薩有四種得三昧夢。云何為四？謂：夢端正
童女眾寶莊嚴，持花授與；夢白鵝行列，迴翔空中；夢如來
手摩其頂；夢如來坐蓮花座，入於三昧。是為四。

復次，菩薩有四種見如來夢。云何為四？謂：夢月出
現，夢日出現，夢蓮花開，夢大梵王威儀閑寂。是為四。

_____

8　此經譯文，參見：于闐國三藏法師實叉難陀奉制譯，《大乘四法經》，
　　收入《大正新脩大藏經》第十七冊 No. 774。

復次，菩薩有四種得大人相夢。云何為四？謂：夢諸妙花果滿娑羅樹，夢大銅器眾寶盈滿，夢虛空中幢蓋莊嚴，夢轉輪王以法御世。是為四。

復次，菩薩有四種降魔怨夢。云何為四？謂：夢大力士摧小力士，持勝幡去；夢大勇將戰勝而去；夢受灌頂王位；夢坐菩提樹，降伏眾魔。是為四。

復次，菩薩有四種不退相夢。云何為四？謂：夢白繒繫頂，夢自設無礙施會，夢身處法座，夢佛坐道場，為眾說法。是為四。

復次，菩薩有四種坐菩提場夢。云何為四？謂：夢吉祥瓶滿，夢眾右繞其身，夢所往之處樹皆低枝，夢金光普照。是為四。

依據此經內容所傳達的道理，了解夢兆吉凶之後，應該要採行防範過失、修造功德的方法。

《梵網經》[9]也描述了悔過淨罪的徵兆，包括：**好相者，佛來摩頂，見光，見華…種種異相**。其他佛經也有「夢見蓮

9　此經藏文本係譯自漢文，參見：後秦龜茲國三藏鳩摩羅什大師　譯，《梵網經盧舍那佛說菩薩心地戒品第十》，收入《大正新脩大藏經》第二十四冊 No. 1484。

花，諸事可成」的說法。《大解脫經》[10] 則說：

是人其夜夢見自身欲渡大河，上大橋行，當知是人定得度脫。其人或時夢見自身人與洗浴，天雨其身，當知是人定得清淨。其人或時夢見自身入沙門大會之中，入次而坐，當知是人真佛弟子。其人或時夢見自身入塔寺中，見好大像，及見菩薩，當知是人得正門已。其人或時夢見自身自得果食而食，當知是人，還得果報。

同經又說：

若見一夢，即滅一逆；見此五夢，即滅五逆。

（若夢見如此夢境之一，即滅一種無間罪；若五夢全都夢見，則五無間罪皆能滅除。）

---

10 此經藏文本係譯自漢文，參見：不著譯者，《大通方廣懺悔滅罪莊嚴成佛經》，收入《大正新脩大藏經》第八十五冊 No. 2871。

此外，也應參照《大寶積經・夢境品》[11]等其他經論加以了解。

一旦臨命終時，雖有佛經所宣說的十一種想等種種菩提薩埵面臨死亡的實修法，但其中要義，都含括在《聖大乘臨終智經》之中，也就是說，菩薩臨命終時，當觀「臨終智」。具體方法如下：不論身在何處，若確定「我將要死亡」，便在頭頂上觀想上師能仁王（釋迦牟尼佛），生起強烈的信心，接著，如此思維：**不單是我，一切有情都無法逃離「終將一死」的自然規律，雖然我與其他眾生在這輪迴之中都曾反反覆覆地經歷過無數次生死，但對於死亡，除了感受死苦之外，卻從未賦予它其他深刻的意義；所以，這次死亡，應該要有點意義才是！**

如此思維之後，再想：像這樣所有外在、內在的有為法，不論是過去、現在還是未來的一切，即使在剎那間，也都是無常且剎那生滅的，無一例外。而有為法之中，有的顯得短暫，轉瞬就壞滅了，如水泡、閃電等；有些則延續較久

---

11 藏文版的《寶積經》係譯自漢文，因此，此處所指的應是西晉三藏竺法護　譯，《大寶積經・卷十五・淨居天子會第四之一》，收入《大正新脩大藏經》第十一冊 No. 310。

才毀壞，例如：世界。話雖如此，不論它們存續的時間較長也好、較短也罷，一切有為法，最終都將歸於壞滅，不會有所謂的「不變」存在。器世間和有情眾生也都會壞滅；即使是如來，也示現了涅槃相，那我就更不必多說了。正因如此，如來才說：「**諸行無常**（一切有為法，皆是無常性）。」若不了解有為法的自性如此，有情眾生便會不願分離與死亡，並且喜歡相聚與出生，從而貪著輪迴，在其中反覆流轉。這回死亡臨頭了，我要把它當作善知識，由衷深切地體認、確信「諸行無常」的本性！

　　臨終之時，要這樣鄭重地思維：**直至證得菩提藏，願於生生世世中，都能視一切有為法無常，進而不對有為法心生貪著！**為此，祈請上師能仁王（釋迦牟尼佛）及諸佛、佛子菩薩予以加持！

　　這樣思維後，再如《聖大乘臨終智經》所言：

　　諸法自性清淨故，
　　當觀諸法無實想；
　　常懷菩提心之故，
　　當觀廣大悲心想；
　　自性無緣光明故，

任何事皆不貪著；

心乃出生智慧因，

莫向他處而求佛。

首先觀修：以自身死亡為例，在廣闊無盡的虛空中，眾生把如此無常的有為法執著為常有，並把輪迴的痛苦當作快樂來看待。對這些身處輪迴、感受著死亡、流轉等無邊諸般痛苦的一切有情眾生，要發起大悲心，想著：為了要讓這一切眾生遠離生老病死等痛苦，令他們證悟無上圓滿的菩提果，願我成就三世間怙主──佛陀薄伽梵──的果位之後，能夠救度一切有情出離眾苦！

如此心懷菩提心，而觀修「悲心之想」。

同樣地，應該要如此確信並思維：藉由死亡這一事例可知：若對一切諸法加以審視，會發現它們無有自性可言，但由於我們分別念的作用，無中生有地平添了苦樂、利害等事，真實境界當中，根本沒有所謂的「死亡」、「痛苦」，一切法都是無實的。

同理，死亡等一切萬法，雖然其自性根本完全無法成立，但卻能無礙地顯現一切相，有如幻術；若加以分析，則無論是「有」邊，或者「無」邊，都無法確切表述，自性無

緣、光明，既非實存，也不僅只是無緣。自心本來光明，於
此當下直接了當的心境中，輪迴、涅槃等一切法本來平等
性，因此，在心性自生本智的境界裡，本師能仁王（釋迦牟
尼佛）的心意與自己的心，乃是不可分的。確定這點後，假
使心能不散亂於他處，對此獲得深刻了悟、生起定解的話，
便能證悟自心真如性，除此之外，根本別無所謂「佛陀」。
如此而言，實際並無生死，死亡等事，僅是分別念而已。而
在遠離分別念的心性原始勝義中，生死等事完全無法安立。

　　若能入定於這種境界而辭世，將不會出現中陰迷亂景
象等的顯現，並能生於佛國剎土。假使沒有如此把握，但能
在臨終與中陰等一切狀態下，不忘專一憶念能仁王（釋迦牟
尼佛），那麼，僅憑這點，就足以往生清淨剎土。

　　此外，在今生中，不論遇到任何怖畏、痛苦，若能隨
念佛陀，必能從苦難中解脫；而不管遇上何等善妙樂事，都
應了解：這乃是佛陀的大悲所致，將此等樂事觀想如普賢供
雲一般，獻予佛陀；應常思維本師佛陀話語當中的三解脫、
六度波羅蜜多等道理，對一切有情懷著大悲心，藉此發起最
勝菩提心，繼而盡力修學菩薩行。

　　如此隨念本師佛陀，極為重要。隨念佛陀乃是一切菩薩
道的開端，功德利益不可估量，一切聖道功德皆由此而生。

近來，人們都著重於各自宗派傳統中的課誦與觀修，少有人刻意將能仁王（釋迦牟尼佛）奉為圭臬。然而，入此佛門的人們，如果欠缺「應當對本師佛陀懷有最殊勝信心」的想法，就算不上智者。

此話怎說呢？

在這個世界、這個時代當中，本師佛陀親自為我等濁世有情眾生示現了諸般行誼，唯有憑藉如此大悲，聖教之中才有三藏；不僅如此，乃至能在濁世的短促一生之中，現前無學雙運果位（佛果）的道——密咒金剛乘的教法，也是仰仗佛的大悲才有的；顯密教下的持教大德，以及任何凡夫僧與聖者僧，也都是由此（佛陀大悲）而出現的。

假使佛陀沒有在這個世界、這個時代當中放射出教法的光明，我等大眾將連三寶的名稱也無從聽聞，遑論顯密道的實修呢？

綜上所述，不管依循新舊譯派何種傳統而實修，都應對本師佛陀懷有尤為深刻的強烈信心，這點是無論如何都不可或缺的。因此，必須格外恭敬本師佛陀，並且勤修其瑜伽法。

假使有人這麼想：雖然不特別恭敬能仁王（釋迦牟尼佛），但恭敬其他離貪、現出家相的佛陀，乃至其他忿怒或

寂靜形相的本尊，這又有何分別呢？

　　關於這點，在本質上〔諸佛〕固然沒有差異，然而，雖一切諸佛智慧身都是平等性的，證悟也無高低之分，但從具體的名言諦而言，正因依賴本師佛陀的大悲，才有了各自宗派所遵奉寂靜、忿怒相的各種本尊生起次第、念咒修法與道的禪修…等。就像瞻部洲的所有江河，都源自無熱惱池 [12]，顯密道的教法當中，不論巨細，一切的實修法肯定都來自本師佛陀的大悲；正如向自己的根本上師作祈禱，能夠得到的加持，更勝於向其他上師作祈禱，這是因為彼此之間有著特殊關聯的緣故。因此，相較於祈請其他諸佛，向本師能仁王（釋迦牟尼佛）祈請，加持更顯迅速。

　　若又問：那麼，是否只需如此祈禱能仁王（釋迦牟尼佛），而不需要這樣祈請其他本尊呢？

　　並非如此。不管向自己所修的任何本尊作祈禱，該本尊在本質上，與能仁王（釋迦牟尼佛）都是無別的。這點，要按照佛陀所說「**一切諸佛，法身平等……**」的道理加以思維，並理解：**最勝本師**（釋迦牟尼佛）**示現出形象各異的各種**

---

12 無熱惱池：也稱為瑪旁雍措，是位於今日西藏阿里地區普蘭縣境內的一座湖泊。

本尊，藉以作為我等濁世眾生的救護者與靠山。

因此，若認為本師佛陀與自己的本尊實際上是有區別的，並且捨棄本師佛陀，專務其他本尊法門，這樣是很難獲得悉地成就的。

同樣地，在無上密咒傳統中，作為自己金剛阿闍黎的上師，本質上與三世一切諸佛無別，但從相上而言，〔上師〕對自己的恩德更勝三世諸佛。若無上師，即便三世諸佛住世，自己也不會得到加持與悉地成就；相較於供養三世諸佛，供養上師一毛孔的功德更加殊勝；僅憑修持「令上師歡喜」一法，便能令三世諸佛歡喜，得到加持。這些都是金剛乘的諸部密續中早已廣為稱揚之事。因此，上師乃是三寶的總集，也被共稱為「第四寶」。有道是：**應知上師者，更勝三世佛。**

若按照此說，而想到：哪有比上師瑜伽等法門更加殊勝之法呢？

關於這點，此說固然甚是。在密宗的傳統當中，確實沒有比觀修深道上師瑜伽更加殊勝、更能得到加持的其他法門了，不過，作為自己密宗本師的上師，同時也是本師能仁

王（釋迦牟尼佛）的化身，如《涅槃經》[13] 所云：

> 阿難莫愁惱！
> 莫悲泣啼哭！
> 我於未來時，
> 化為善知識，
> 饒益汝等眾。

仰仗本師能仁王（釋迦牟尼佛）的大悲所應現、實修顯密道而成就的上師們，都是由能仁佛陀的話語而出生的佛子；具足覺受與證悟的上師，則是得到本師佛陀心意相續之中世俗菩提心與勝義菩提心加持的佛陀心子。

因此，應該認識：不論觀修何種上師瑜伽法，都與本師能仁王（釋迦牟尼佛）無有差別。不僅如此，不管觀修那種上師或本尊法門，都與釋尊無別。應了知三世諸佛也與釋尊無有分別。

若懷著「諸佛有高下」的想法，而對諸佛加以取捨，

---

13 藏文本此段經文，與漢本《大般涅槃經》所載內容並不完全一致，此處參考漢本，依藏文重譯。

如此之人，是得不到悉地的。

　　反之，若能如前所述，體會本師佛陀的恩德，對其至為恭敬，進而觀想、念誦任何一種與佛陀無別的上師或本尊的瑜伽修法，則肯定能夠成辦廣大的悉地成就。

　　所以，在透過隨念能仁王（釋迦牟尼佛）的儀軌，進行觀想、誦咒的時候，必須了知：**為自己暢演顯密教法的諸位上師大德們、乃至三世一切三寶聖眾，實際上都總集於釋迦牟尼佛。**須懷著如此的虔誠心而作觀想、誦咒。

　　雖然此處主要是按照顯宗儀軌的方式，單純隨念佛陀而作修持，但若觀想「佛陀與上師無別」，亦無不可。不過，這種觀修方式也不是非此不可的，因為僅憑隨念佛陀，便足以有所成就了。

　　至於在名號中加上「上師、本師」一語，因為佛陀乃是三世間的上師，所以在佛陀的名號當中，可稱其為「上師」，將此一詞理解為「代表佛陀與自己有信心的上師無有分別」的意思，也是可以的。

　　不過，將無上密傳統當中的根本上師觀想為能仁王（釋迦牟尼佛）的形相，以上師瑜伽法的方式來進行修誦，也是同樣道理。由於上師本身即是諸佛總集的本體，所以將之觀想為任何佛陀，或觀為何種形相，都沒有牴觸，憑藉著個人

的虔誠心，就會相應地獲得加持，這是自然規律。

　　上文摘錄自文殊怙主米滂仁波切的教言——《釋尊儀軌之補篇·〔釋尊廣傳〕白蓮花》，在詞句或意義兩方面都沒有遺漏。

　　編者曾經聽聞聖識一切上師（米滂仁波切）的親弟子——持明者帖秋[14]——親口說過：「**對於那些不懂得如理實修大手印、大圓滿的人們來說，若能按照此法門而作實修，是非常好的。**」

　　願善妙增廣！

　　　　受堪布烏金徹令囑咐，敦珠貝瑪南嘉以虔敬之心，
　　　　　圓滿譯畢於二零一四年十月。願一切吉祥！

14　帖秋：意為勝乘，是頂果欽哲法王的別號「帖秋滇貝嘉參（勝乘教法勝幢）」的略稱。

༄༅། །ཨ་རྫོ་ཏྲིད་ནི་རྡོ་རྗེ་ཀཱ་ཁ་སྨུ་ནི་བི་རྡོ་བི་ཙ་ར་ཙི་སྨ།།

༄༅། །ཐུབ་ཆོག་བྱིན་རླབས་གཏེར་མཛོད་བཞུགས་སོ།།

釋尊儀軌‧加持寶庫

ན་མོ་གུ་རུ་ཤཱཀྱ་མུ་ན་ཡེ།

南無咕汝釋迦牟尼耶（頂禮本師釋迦牟尼佛）！

དེ་ཡང་མདོ་སྡེ་ཏིང་འཛིན་རྒྱལ་པོ་ལས།　　འཆག་དང་འདུག་དང་འགྱེང་དང་ཉལ་བ་ན།

《三摩地王經》中云：「漫步、安住、起身、睡眠時，

མི་གང་ཐུབ་པའི་ཟླ་བ་དྲན་བྱེད་པ། དེ་ཡི་མདུན་ན་དག་ཏུ་སྟོན་པ་བཞུགས། དེ་ནི་རྒྱ་ཆེར་མྱ་ངན་འདས་པར་

འགྱུར། ཞེས་དང་།

若人憶念佛陀之金顏，本師恆常安住於彼前，是人將成廣大涅槃果。」

སྐུ་ལུས་དག་ནི་གསེར་གྱི་མདོག་འདྲ་བས། 　འཇིག་རྟེན་མགོན་པོ་ཀུན་ནས་རབ་ཏུ་མཛེས། 　

又有道是：「周身有如紫磨金色身，莊嚴超勝世間眾怙主，

དམིགས་པ་འདི་ལ་གང་གིས་སེམས་འཛུག་པ། 　བྱང་ཆུབ་སེམས་དཔའ་དེ་ནི་མཉམ་བཞག་ཡིན། 　

何人內心緣此而專注，則此菩提薩埵已入定。」

ཞེས་གསུངས་པ་བཞིན་དུ། བདག་ཅག་རྣམས་ཀྱི་སྟོན་པ་མཚུངས་པ་མེད་པ་ཐུབ་པའི་དབང་པོ་རྗེས་སུ་དྲན་པའི་

如其所言，若欲行持隨念我等無與倫比之本師能仁王（佛陀）

རྣལ་འབྱོར་དུ་བྱ་བ་ནི་འདི་ལྟ་སྟེ། 　སངས་རྒྱས་ཆོས་དང་ཚོགས་ཀྱི་མཆོག་རྣམས་སྐྱབས་སེམས་དང་།

之瑜伽法，應如是行：先誦「諸佛正法眾中尊…」等皈依、發心文，

ཚད་མེད་བཞི་བསྒོམ་པ་སྟོན་དུ་བཏང་སྟེ། ཆོས་ཐམས་ཅད་སྣང་སྟོང་ལ་རང་བཞིན་མ་གྲུབ་པའི་དོན་ཡིད་ལ་དྲན་པའི་དང་།

並禪修四無量心。之後，心中隨念一切法皆顯而無有自性可成。

སངས་རྒྱས་ཆོས་དང་ཚོགས་ཀྱི་མཆོག་རྣམས་ལ། ｜བྱང་ཆུབ་བར་དུ་བདག་ནི་སྐྱབས་སུ་མཆི། ｜

桑傑卻當措記秋南_木拉　　　江<u>秋</u>_布巴度達尼嘉_布蘇企

諸佛正法眾中尊，　　　　直至菩提我皈依。

བདག་གིས་སྦྱིན་སོགས་བགྱིས་པའི་བསོད་ནམས་ཀྱིས། ｜

達_克奇金梭_克吉貝雖南_木記

我以施等眾福德，

འགྲོ་ལ་ཕན་ཕྱིར་སངས་རྒྱས་འགྲུབ་པར་ཤོག ｜བདག་དང་མཐའ་ཡས་སེམས་ཅན་རྣམས། ｜

卓拉片企_日桑傑竹_布巴_日秀　　達_克當踏耶森_木見南_木

為利有情願成佛。　　　　我與無邊有情眾，

ཡེ་ནས་སངས་རྒྱས་ཡིན་པ་ལ། ｜ཡིན་པར་ཤེས་པའི་བདག་ཉིད་དུ། ｜

耶內桑傑音巴拉　　　音巴_日謝貝達_克尼讀

本來即為淨覺佛，　　　如實了知本性中，

བྱང་ཆུབ་མཆོག་ཏུ་སེམས་བསྐྱེད་དོ། ｜

江<u>秋</u>_布秋_克度森_木介埵

發心成就勝菩提。

སེམས་ཅན་ཐམས་ཅད་བདེ་བ་དང་བདེ་བའི་རྒྱུ་དང་ལྡན་པར་གྱུར་ཅིག ｜

森_木見湯_木介疊哇當疊維_{酒日}當滇巴_{日酒日}記_克

願一切有情具足樂及樂因，

སྡུག་བསྔལ་དང་སྡུག་བསྔལ་གྱི་རྒྱུ་དང་བྲལ་བར་གྱུར་ཅིག །

讀雅ㄒ當讀ㄎ讀雅ㄒ吉酒當札ㄒ哇酒日記ㄎ

願一切有情遠離苦及苦因，

སྡུག་བསྔལ་མེད་པའི་བདེ་བ་དང་མི་བྲལ་བར་གྱུར་ཅིག །

讀雅ㄒ美貝疊哇當米札ㄒ哇日酒日記ㄎ

願一切有情不離無苦妙樂，

ཉེ་རིང་ཆགས་སྡང་དང་བྲལ་བའི་བདང་སྙོམས་ཆན་མེད་པ་ལ་གནས་པར་གྱུར་ཅིག །

涅日恩洽ㄎ當當 札ㄒ維大日紐ㄇ冊美巴拉內巴日 酒日記ㄎ

願一切有情皆離親疏貪瞋，住無量平等捨！

ཨྰཿ སྐྱེ་མེད་སྟོང་པ་ཉིད་དང་རྟེན་འབྱུང་གི །སྲུང་བ་འགགས་མེད་ཟུང་འཇུག་སྒྱུ་མའི་ཆུལ །

阿　介美董巴尼當滇炯奇　　囊哇嘎美松酒 酒美促ㄒ

阿！無生空性以及緣起之　　無滅顯現雙運幻化中，

རང་མདུན་ནམ་མཁར་མཆོད་སྤྲིན་རྒྱ་མཚོའི་དབུས །རིན་ཆེན་སེང་ཁྲི་པད་ཉི་ཟླ་བའི་སྟེང་། །

壞敦南ㄇ喀日卻進嘉翠玉　　　仁千僧赤依貝尼達維滇

己前虛空供雲海中央，　　　珍寶獅座蓮花日月上，

སྟོན་པ་མཚུངས་མེད་ཤཱཀྱ་སེང་གེ་ནི །གསེར་གྱི་མདོག་ཅན་མཚན་དང་དཔེ་བྱད་ལྡན། །

敦巴聰美夏迦僧給尼　　洗日吉埵ㄎ見參當貝介滇

無比本師釋迦師子尊，　　紫磨金色，具相好莊嚴，

ཆོས་གོས་གསུམ་གསོལ་རྡོ་རྗེའི་སྐྱིལ་ཀྲུང་བཞུགས། །

卻貴孫木梭了多傑記了種咻克

著三法衣，金剛跏趺坐。

ཕྱག་གཡས་ས་གནོན་ཕྱག་རྒྱ་ལེགས་པར་བརྐྱངས་ཤིང་། །

洽克耶薩諾恩洽克嘉類克江姓

舒展右手結持觸地印，

ཕྱག་གཡོན་མཉམ་བཞག་བདུད་རྩིའི་ལྷུང་བཟེད་བསྣམས། །

洽克願釀木霞克讀依自隆洗南木

左禪定印，持捧甘露缽。

གསེར་གྱི་རི་ལྟར་གཟི་བརྗིད་དཔལ་འབར་བ། །

洗日吉日依大習吉巴了巴日哇

猶如金山威嚴妙德盛，

ཡེ་ཤེས་འོད་ཟེར་དྲ་བས་མཁའ་དབྱིངས་ཁྱབ། །

耶謝約洗日札維喀英洽布

智慧光網遍虛空法界。

ཉེ་བའི་སྲས་བརྒྱད་གནས་བརྟན་བཅུ་དྲུག་སོགས། །

涅維洗傑內滇酒竹克梭克

八脅侍子、十六羅漢等，

འཕགས་ཚོགས་རྒྱ་མཚོའི་འཁོར་གྱིས་ཡོངས་བསྐོར་ཞིང་། །

帕_克措_克嘉翠扣_日吉永過_日形

聖眾海會悉皆環繞彼。

དྲན་པ་ཙམ་གྱིས་སྲིད་ཞིའི་མཐའ་གཉིས་ལས། །རྣམ་གྲོལ་བདེ་བ་མཆོག་གི་དཔལ་སྩོལ་བ། །

珍巴讚_木吉夕習踏尼類　　南_木卓_了疊哇秋_克奇巴佐哇

念即解脫有寂等二邊，　　且能賜與勝樂之妙德，

སྐྱབས་ཀུན་འདུས་པའི་བདག་ཉིད་ཆེན་པོར་གསལ། །

嘉布衰讀_依貝達_克尼千玻_日薩_了

觀為皈境總集勝本體。

ཞེས་དེ་ལྟར་སངས་རྒྱས་ཀྱི་སྐུ་ལ་དམིགས་ཏེ་དེ་ན་དངོས་སུ་བཞུགས་ཡོད་སྙམ་པའི་སེམས་བསྐྱེད་མ་ཐག་ཏུ།

如是，若緣觀佛身，並思維佛陀真實安住於此，則於如此發心當下，

སངས་རྒྱས་རྣམས་ཀྱི་ཡེ་ཤེས་ཀྱི་སྐུ་ལ་ཕྱོགས་དང་དུས་གང་དུ་ཡང་ཉེ་རིང་མི་མངའ་བའི་ཕྱིར།

由於諸佛智慧身於任何方位、時間皆無遠近之別，

གང་དུ་དམིགས་པ་དེ་ཉིད་དུ་ངེས་པར་བཞུགས་པར་འགྱུར་ཏེ།

觀想佛在何處，其必然安住於該處。

མདོ་ལས། 　གང་ཞིག་སངས་རྒྱས་ཡིད་བྱེད་པ། 　དེ་ཡི་མདུན་ན་དེ་བཞུགས་ཏེ། །

經云：「何人作意佛，佛即住彼前，

རྟག་པར་བྱིན་གྱིས་རློབ་བྱེད་ཅིང་། །ཉེས་པ་ཀུན་ལས་རྣམ་པར་གྲོལ། །

常時賜加持，能解脫眾過。」

ཞེས་གསུངས་ཤིང་། རྒྱལ་བ་དེ་ཉིད་ལ་དམིགས་ནས་ཚོགས་བསགས་པ་ཡང་མི་ཟད་པའི་དགེ་རྩ་ཆུད་མི་ཟ་བ་ཡིན་ཏེ།

緣觀佛陀本身所累積之資糧，亦為無盡善根，終不空耗。

ཕལ་པོ་ཆེ་ལས། རྒྱལ་བ་དེ་དག་ཕོས་མཐོང་མཆོད་པ་བྱས་པས་ཀྱང་། ཚད་མེད་པ་ཡི་བསོད་ནམས་ཕུང་

པོ་འཕེལ་བར་འགྱུར། །ཉོན་མོངས་འཁོར་བའི་སྡུག་བསྔལ་ཐམས་ཅད་སྤང་འགྱུར་ཏེ། །འདུས་བྱས་འདི་

ནང་བར་མ་དོར་ནི་ཟད་མི་འགྱུར།

《華嚴經》云：「**見聞供養彼等佛，增上無量福德蘊，斷諸煩惱輪迴苦，此善中途不虛耗。**」

ཞེས་དང་། དེའི་སྐྱོན་ལམ་དེ་ལྟར་བཏབ་པ་ཡང་དེ་བཞིན་དུ་འགྲུབ་སྟེ།

[作意佛陀之人] 所發任何願，皆當如是成就。

འཇམ་དཔལ་ཞིང་གི་ཡོན་ཏན་བསྟན་པ་ལས༔

此即如《宣說文殊師利剎土功德經》中所言：

ཆོས་རྣམས་ཐམས་ཅད་རྐྱེན་བཞིན་ཏེ། །འདུན་པའི་རྩེ་ལ་རབ་ཏུ་གནས། །གང་གིས་སྨོན་ལམ་ཅི་བཏབ་པ། །
དེ་འདྲའི་འབྲས་བུ་ཐོབ་པར་འགྱུར། །

「**諸法仗緣起，住於意樂上，何人發何願，當獲如是果。**」

ཞེས་གསུངས་པའི་ཆུལ་རྣམས་ཤེས་པ་བརྟན་པོ་བསྐྱེད་དེ།

對於此等諸般道理，當生起堅固決定。

སྙིང་རྗེ་ཆེན་པོས་ཚུད་ཕྱུན་སྙིགས་མའི་ཞིང་། །བཟུང་ནས་སྨོན་ལམ་ཆེན་པོ་ལྔ་བརྒྱ་བཏབ། །

寧傑千杯最滇尼克美形　　松內莫恩浪木千波雅嘉大布

大悲攝受具諍濁世剎，　　　爾後發下五百廣大願，

པད་དཀར་ལྟར་བརྫགས་མཚན་ཐོས་ཕྱིར་མི་ལྡོག །སྟོན་པ་ཐུགས་རྗེ་ཅན་ལ་ཕྱག་འཚལ་ལོ། །

貝嘎_日大日雅_克參推企_日彌埵_克　　敦巴土_克傑見拉洽擦_了樓

譽如白蓮，聞名不退轉，　　　恭敬頂禮本師大悲尊！

བདག་གཞན་སྒོ་གསུམ་དགེ་ཚོགས་ལོངས་སྤྱོད་བཅས། །

達_克賢夠孫_木給措_克隆倔介

自他三門眾善與受用，

ཀུན་བཟང་མཆོད་པའི་སྤྲིན་དུ་དམིགས་ནས་འབུལ། །

袞桑卻貝進讀米_克內布_了

觀為普賢供雲而獻供。

ཐོག་མེད་ནས་བསགས་སྡིག་ལྟུང་མ་ལུས་པ། །སྙིང་ནས་འགྱོད་པ་དྲག་ཐོས་སོ་སོར་བཤགས། །

透_克美內薩_克迪_克東瑪呂巴　　寧內倔巴札_克杯梭梭_日夏_克

無始所造無餘眾罪墮，　　　由衷強烈懊悔一一懺。

འཕགས་དང་སོ་སོའི་སྐྱེ་བོའི་དགེ་བ་ནི། །དུས་གསུམ་བསགས་ལ་རྗེས་སུ་ཡི་རང་ངོ་། །

帕_克當梭雖介維給哇尼　　讀_依孫_木薩_克拉傑蘇依壤哦

聖者以及凡夫三時中，　　　所造眾善我今皆隨喜。

ཟབ་ཅིང་རྒྱ་ཆེ་ཆོས་ཀྱི་འཁོར་ལོའི་ཆུལ། །

薩_布敬嘉切卻記扣_日略促_了

請於十方恆時不間斷，

ཕྱོགས་བཅུར་རྒྱུན་མི་འཆད་པར་བསྐོར་དུ་གསོལ། ｜　｜ཁྱོད་ནི་ནམ་མཁའ་ལྟ་བུའི་ཡེ་ཤེས་སྐུ། ｜

秋克酒日俊彌切巴日過日讀梭丁　　　　卻尼南喀大布耶謝固

轉動甚深廣大妙法輪。　　　　　　**雖然您之智身如虛空，**

དུས་གསུམ་འཕོ་འགྱུར་མེད་པར་བཞུགས་མོད་ཀྱི། ｜

讀依孫木坡酒日美巴日咻克莫也記

無有三時遷變恆安住，

གདུལ་བྱའི་སྣང་ངོར་སྐྱེ་འཇིག་ཚུལ་སྟོན་ཀུང་། ｜

讀丁傑囊哦介吉克促丁敦江

仍於所化境前示生滅，

སྤྲུལ་པའི་གཟུགས་སྐུ་རྟག་ཏུ་སྣང་བར་མཛོད། ｜

竹丁貝蘇克固大克度囊哇日最

祈請常現應化之色身。

བདག་གིས་དུས་གསུམ་བསགས་པའི་དགེ་ཚོགས་ཀུན། ｜

達克奇讀依孫木薩克貝給措克衰

我於三時所造眾善聚，

མཁའ་ཁྱབ་འགྲོ་བ་ཀུན་ལ་ཕན་སླད་དུ། ｜ ｜ཆོས་ཀྱི་རྒྱལ་པོ་ཏག་ཏུ་མཉེས་བྱེད་ཅིང་། ｜

喀洽布卓哇衰拉片類讀　　　　卻記嘉丁玻大克度涅介敬

願利遍滿虛空諸眾生，　　　　　**以令法王恆時生歡喜，**

ཆོས་རྗེ་རྒྱལ་བའི་གོ་འཕང་ཐོབ་པར་ཤོག །
卻傑ㄱ嘉維過旁透布巴日秀ㄎ
獲得法尊勝者佛果位！

བདག་ཅག་སྙིགས་མའི་འགྲོ་བ་མགོན་མེད་རྣམས། །
達ㄎ架ㄎ尼ㄎ美卓哇袞美南ㄇ
我等濁世無怙有情眾，

ཐུགས་རྗེ་ལྷག་པར་བཟུང་བའི་བཀའ་དྲིན་ལས། །
土ㄎ傑拉ㄎ巴日松維嘎止恩類
蒙您大悲攝受之恩澤，

ཞིང་དང་དུས་འདིར་རིན་ཆེན་རྣམ་གསུམ་གྱི། ⎥ ⎥སྣང་བ་རེ་སྟེ་ཉིད་ཀྱི་ཕྲིན་ལས་ཞིད། །
形當讀依迪日仁千南ㄇ孫ㄇ吉　　囊哇吉涅切記慶類尼
此剎此時所有三寶相，　　　一切皆為您之事業也。

དེ་ཕྱིར་སྐྱབས་མཆོག་མཚུངས་མེད་གཅིག་པུ་རུ། །
疊企日嘉布秋ㄎ聰美記ㄎ布如
是故我以由衷勝解信，

ཡིད་ཆེས་དད་པས་སྙིང་ནས་གསོལ་འདེབས་ན། །⷟⎥སྨོན་གྱི་དམ་བཅའ་ཆེན་པོ་མ་བསྙེལ་བར། །
依切疊貝寧內梭了疊布納　　　溫吉當ㄇ架千玻瑪涅了哇
虔信唯一無比勝依怙；　　　惟願莫忘往昔之宏願，

བྱང་ཆུབ་བར་དུ་ཐུགས་རྗེས་རྗེས་འཛིན་མཛོད། །

江秋布巴日讀土克傑傑日恩最

直至菩提大悲喜攝受！

ཅེས་ཡིད་ཆེས་ཀྱི་དད་པ་དྲག་པོས་སྟོན་པ་དངོས་སུ་བཞུགས་ཡོད་སྙམ་པའི་སྐུ་ལ་རྩེ་གཅིག་ཏུ་དམིགས་ཏེ།

如此，以強烈勝解信，思維本師真實安住，專一緣觀佛身，並誦：

བླ་མ་སྟོན་པ་བཅོམ་ལྡན་འདས་དེ་བཞིན་གཤེགས་པ་དགྲ་བཅོམ་པ་ཡང་དག་པར་

啦嘛敦巴炯ㄇ滇疊　疊形謝克巴札炯ㄇ巴

頂禮、供養、皈依上師、本師、薄伽梵、如來、阿羅漢、

རྫོགས་པའི་སངས་རྒྱས་དཔལ་རྒྱལ་བ་ཤཱཀྱ་ཐུབ་པ་ལ་ཕྱག་འཚལ་ལོ། །

揚達克巴日佐克貝桑傑巴了嘉了哇夏迦土布巴拉洽克擦了樓

圓滿正等正覺、吉祥釋迦牟尼佛！

མཆོད་དོ། །སྐྱབས་སུ་མཆིའོ།　ཞེས་ཅི་འགྱུབ་དང་།

卻埵　　嘉布速企哦　　盡可能多修，

ཐུགས་རྒྱུད་བསྐུལ་བའི་ཚུལ་དུ་ཤེར་ཕྱིན་ཡི་གེ་ཉུང་ངུ་ལས་གསུངས་པའི་གཟུངས་ནི།

並以催動心意相續之方式，按《小字般若經》中所說陀羅尼，盡力
念誦：

ཏདྱཐཱ།　ཨོཾ་མུ་ནེ་མུ་ནེ་མ་ཧཱ་མུ་ན་ཡེ་སྭཱ་ཧཱ།

疊雅塔　　嗡木內木內瑪哈姆納耶梭哈

ཞེས་ཅི་རིགས་དང་། ཨོཾ་མན་ཚན་ཅེ་འགྱུབ་ཏུ་བཟླབོ། །འདི་དག་གི་སྐབས་སུ་སྟོན་པའི་ཡོན་ཏན་རྗེས་སུ་དྲན་ཏེ།

再從「嗡」以下盡力念誦。於此階段，應該隨念本師功德，

དད་པའི་སེམས་ཀྱིས་ཙེ་གཅིག་ཏུ་སྐུ་ཡི་གསལ་སྣང་ལ་དམིགས་ནས།

懷著信心，專一地明觀佛身之明相。

མཚན་བརྗོད་པ་དང་། གཟུངས་བཟླས་པའི་ཀྱེན་གྱིས།

接著，透過稱名、念誦陀羅尼，思維：

སློན་པའི་སྐུ་ལས་ཡེ་ཤེས་ཀྱི་འོད་ཟེར་སྣ་ཚོགས་པའི་སྣང་བ་ཆེན་པོས་བདག་དང་སེམས་

ཅན་ཐམས་ཅད་ཀྱི་སྒྲིབ་པ་ཐམས་ཅད་བསལ་ཞིང་།

敦貝固類耶謝記約洗_日納措_克貝囊哇千杯達_克當森_木見
湯介記止_布巴湯_木介薩_了形
本師尊身放出種種光芒之大光明相，遣除自己與一切有情
所有蓋障，使 [自他有情眾]

ཐེག་པ་ཆེན་པོའི་ལམ་གྱི་ཡོན་ཏན་ཚུལ་བཞིན་དུ་སྐྱེས་ཏེ་ཕྱིར་མི་ལྡོག་པའི་ས་ནོན་པར་བསམ།

ལའི་ཕྱར་ཅེ་ནུས་སུ་བཙོན་པར་བྱའོ། །

帖_克巴千杯浪_木吉願滇促_了形讀介疊企_日彌埵_克貝薩諾_恩
巴_日酒
如理生起大乘道之功德，得不退轉位。　　應盡力如此精進

ru་བཙོན་པར་བྱའོ། །ཐུན་མཚམས་རྣམས་སུ་མཐའ་ལ་སོགས་མཆོད་པ་དང་། ཐུབ་བ་སྟོད་ཀྱི་རིགས་དང་།

觀修。於各座間，則應盡力念誦諸如〈能仁讚〉之類，以及

སྙིང་རྗེ་པད་དཀར། རྒྱ་ཆེ་རོལ་པ། སྐྱེས་རབས་སྣ་ཚོགས།
《大悲白蓮花經》、《廣大遊舞經》、各種《佛本生》，

དེ་བཞིན་གཤེགས་པའི་མཚན་བརྒྱ་རྩ་བརྒྱད་པ་སོགས་མདོ་གང་འདོད་ཅི་ལྟར་ནུས་པར་བཀླག
還有《如來百零八名號經》等所欲之經典，

དགེ་བའི་རྩ་བ་རྣམས་བླ་མེད་བྱང་ཆུབ་ཏུ་བསྔོ་བ་དང་སྨོན་ལམ་གྱིས་རྒྱས་གདབ་པར་བྱའོ། །
將諸善根迴向、發願成就無上菩提，以作印持。

སྤྱིར་འགྲོ་འཆག་ཉལ་འདུག་གི་སྐབས་ཀུན་ཏུ་སྟོན་པ་ཉིད་མ་བརྗེད་པར་དྲན་པ་དང་།
一般而言，行住坐臥等一切時刻，皆應不忘本師，加以憶念，

མཚན་མོ་ཡང་སྟོན་པ་དངོས་སུ་བཞུགས་པའི་སྐུ་ཡི་འོད་ཀྱིས་ཕྱོགས་ཐམས་ཅད་ཉིན་མོ་ཤིན་ཏུ་དྭངས་པའི་དུས་ལྟ་

བུར་སྣང་བའི་འདུ་ཤེས་དང་དུ་གཉིད་ལོག་པར་བྱ།
夜間也應具備「本師真實安住，尊身放光，照向一切處，極其明燦，
有如白畫」之想，於此境中入眠。

དུས་རྒྱུན་དུ་སྟོན་པ་ཉིད་ཀྱིས་སྟོན་ནི་ལྟར་ཐུགས་བསྐྱེད་པའི་ཚུལ་ལས་བརྒྱུ་སྟེ། དུས་གསུམ་གྱི་སངས་རྒྱས་དང་

བྱང་ཆུབ་སེམས་དཔའ་ཆེན་པོ་རྣམས་ཀྱི་རྣམ་པར་ཐར་པ་ལ་རྗེས་སུ་གཞོལ་བའི་བྱང་ཆུབ་ཀྱི་སེམས་རིན་པོ་ཆེའི་

དམ་བཅའ་སྟོན་པ་མེད་པའི་དངས་བྱང་ཆུབ་སེམས་དཔའི་སྤྱོད་པ་སྤྱི་དང་།
平時，亦應效法往昔本師如何發心之情形，隨學三世諸佛菩薩摩訶
薩解脫行誼，堅定珍貴菩提心之誓願，無有稍懈，奉持菩薩行。

ཁྱད་པར་ཞི་ལྷག་གི་རྣལ་འབྱོར་ལ་ཅི་ནུས་སུ་བརྩོན་པས་དལ་འབྱོར་ཐོབ་པ་དོན་ལྡན་དུ་འགྱུར་ཏེ།

尤應盡力勤修止觀瑜伽，令已得之暇滿 [人身] 具有意義。

བདག་ཅག་གི་སྟོན་པ་འདི་ཉིད་ཀྱི་མཚན་ཐོས་པ་ཙམ་ཞིག་གིས་རིམ་གྱིས་བྱང་ཆུབ་ཆེན་པོའི་ལམ་ལས་ཕྱིར་མི་ལྡོག

པར་འགྱུར་བ་མདོ་དུ་མ་ནས་གསུངས་ལ། 　གོང་དུ་བཤད་པའི་གཟུངས་འདི་ལས་སངས་རྒྱས་ཐམས་ཅད་འབྱུང་

ཞིང་།

許多經中皆言：**僅聞我等本師名號，將漸次於大菩提道上得不退轉。**
且諸佛皆由前述陀羅尼所出，

གཟུངས་འདི་ཉིད་པའི་མཐུས་ཤཱཀྱའི་རྒྱལ་པོ་ཉིད་སངས་རྒྱས་ཤིང་། 　སྤྱན་རས་གཟིགས་བྱང་ཆུབ་སེམས་དཔའི་

སྟོབ་པ་ལ་མཆོག་ཏུ་གྱུར་པ་དང་། གཟུངས་འདི་ནི་

釋迦王亦因承此陀羅尼威力而成佛， 　觀音則藉此 [陀羅尼] 成就
最勝菩薩；

ཐོས་པ་ཙམ་གྱིས་བསོད་ནམས་རྒྱ་ཆེན་པོ་ཚོགས་མེད་པར་ཐོབ་ཅིང་ལས་སྒྲིབ་པ་ཐམས་ཅད་བྱང་བ་དང་།

僅聞此陀羅尼，即能無勤獲得廣大福德，淨除一切業障；

སྔགས་བསྒྲུབ་པ་ན་བགེགས་མ་མཆིས་པར་གྲུབ་པར་འགྱུར་རོ་ཞེས་ཤེས་རབ་ཀྱི་ཕ་རོལ་ཏུ་ཕྱིན་པ་ཡི་གེ་ཉུང་དུ

ཞེས་པ་དེ་ཉིད་ལས་གསུངས་ཤིང་།

若修密咒，則得魔障不侵之成就。此乃《小字般若波羅蜜多經》中
所宣說。

བཀའ་གཞན་ལས་ཀྱང་གསུངས་འདི་ལན་གཅིག་བཟླས་པས་བསྐལ་པ་བྱེ་བ་ཕྲག་བརྒྱད

在其他佛語中，亦說：**誦此陀羅尼一回，能淨除八萬**

ཁྲིའི་བར་བྱས་པའི་སྡིག་པ་ཐམས་ཅད་བྱང་བར་འགྱུར་བ་སོགས་ཕན་ཡོན་ཚད་མེད་པ་དང་ལྡན་ཞིང་།

俱胝劫中所造一切罪，有諸般無量利益。

དེ་བཞིན་གཤེགས་པ་ཤཱཀྱ་ཐུབ་པའི་སྙིང་པོ་དག་པ་ཉིད་གསུངས་སོ།།

世尊亦曾親言，此乃釋迦牟尼如來之真實心咒。

དད་པ་བསྐྱེད་པ་དང་ཞི་ལྷག་གི་རྣལ་འབྱོར་ལ་དེ་ལྟར་བརྩོན་པའི་ཚུལ་རྣམ་དུ་བཤད་པར་བྱའོ།།

至於如何對此生信以及勤修止觀瑜伽之理，將另行講述。

ཞེས་པ་འདི་ནི་བསླབ་གསུམ་ནོར་བུའི་མཛོད་མངའ་དབོན་རིན་པོ་ཆེ་ཨོ་རྒྱན་བསྟན་འཛིན་ནོར་བུས་བཀྲ་ཤིས་

པའི་ལྷ་རྫས་དང་བཅས་ཏེ་ཉན་ཏན་དུ་བསྐུལ་བ་ཡིད་ལ་འཛགས་པའི་སྟེང་དུ།

擁有三學摩尼寶庫之文仁波切‧鄔金滇津諾布以吉祥哈達等禮，
鄭重勸請 [撰文]，本人謹記於心。

ཉེ་ཆར་ཡང་དབོན་རིན་པོ་ཆེ་ཉིད་ནས་སྤྲུལ་པའི་སྐུ་འཇིགས་མེད་པདྨ་བའི་ཆེན་ལ་སྤྲན་ཏེ་རིན་ཆེན་དང་པོ་སོགས་

བཀྲ་ཤིས་པའི་ལྷ་རྫས་ཀྱི་སྐྱེས་དང་བཅས་མྱུར་དུ་གྲུབ་པར་གྱིས་ཞེས་དམ་པ་རྣམ་གཉིས་ཀྱི་བཀའ་བསྐུལ་བ་ལ་བརྟེན་

ནས།　སྟོན་པ་མཆོག་ལ་མི་ཕྱེད་པའི་དད་པ་ཐོབ་ཅིང་།

近來，文仁波切又派化身吉美貝瑪德欽，送來黃金、吉祥哈達等禮，
要求盡速完成。由於二位大德囑咐，對最勝本師已得不退轉信、

དུས་མཐར་ཚོས་སྐུ་བའི་མིང་འཛིན་པ་ཤཀྱའི་རྗེས་འབྲག་མི་ཕམ་འཇམ་དབྱངས་རྒྱ་མཚོས།

濁世徒具說法者虛名之釋迦後學——米滂‧蔣揚嘉措，

རྗེ་རྗེ་འཕན་ཕྱུག་གི་རི་ཞོལ་ཕུན་ཚོགས་ནོར་བུའི་གླིང་དུ།

於石渠多傑彭趣之山腳下——彭措諾布林（圓滿摩尼寶洲寺）．

ཀུན་ཕྱན་ལྕགས་བྱི་གསར་ཚེས་ཆེན་འཕུལ་ཆེན་པོའི་ཡར་ཚེས་བརྒྱད་ལ་གྲུབ་པར་བགྱིས་པ་འདིས་བསྟན་འགྲོ་ལ་

ཕན་པ་རྨད་དུ་བྱུང་བ་རྒྱུན་མི་ཆད་པར་བྱེད་པ་དང་།

完成於鐵鼠年大神變月之上旬初八日。願此文對教法與眾生之稀有
饒益，無窮無盡，

ཚུལ་འདི་མཐོང་ཐོས་དྲན་རེག་གི་འགྲོ་རྣམས་ཀྱི་རྒྱུད་ལ་སྟོན་པ་ཐུབ་པའི་དབང་པོའི་བྱིན་རླབས་མཚུངས་པ་མེད་

པ་མངོན་དུ་འཐོབ་པར་གྱུར་ཅིག །   །།

見聞念觸之眾生，相續皆能直接蒙受本師能仁王無與倫比之加持！

དགེ་བ་འདི་ཡིས་མྱུར་དུ་བདག   །ཐམས་ཅད་མཁྱེན་པ་འཐོབ་གྱུར་ནས། །

給哇迪依紐讀達克   湯木介千巴竹布酒日內

願我速以此善德，   **成就一切智佛果，**

འགྲོ་བ་གཅིག་ཀྱང་མ་ལུས་པ།   །དེའི་ས་ལ་འགོད་པར་ཤོག །

卓哇計江瑪呂巴   疊依薩拉貴巴秀克

一切眾生悉無餘，   **咸令安置彼果位。**

བདེ་གཤེགས་སྲས་བཅས་ཀུན་གྱི་ཕྲགས་བསྐྱེད་དང་། །

疊謝克洗介衰吉土克介當

一切善逝佛子發心力、

མཛད་པ་སྨོན་ལམ་མཁྱེན་བརྩེ་ནུས་པའི་ཚུལ། །

這巴姆恩浪木千這女貝促了

事業、宏願以及悲智力，

|ཁྱ་མེད་ཡེ་ཤེས་སྒྱུ་འཕྲུལ་རྗེ་འདྲ་བ། །

拉美耶謝酒處了吉札哇

無上智慧如何現幻化，

དེ་འདྲ་ཁོ་ནར་འགྲོ་ཀུན་འགྱུར་བར་ཤོག །

疊札扣納日卓衰酒日哇日秀克

ཅེས་པའང་མི་ལྨ་པས་སོ། །

此為米滂所造。

願諸眾生盡皆如是成！

| ༀ་སུ་པ་ཏི་ཪྠ་བཛྲ་ཡེ་སྭཱ་ཧཱ། །

嗡 蘇剎 帝剎 邊雜 耶 梭哈

ཐུབ་པའི་མཛད་བཅུའི་བསྟོད་པ་ཆེ་བ་ནི།
釋迦牟尼佛十二行誼讚

སངས་རྒྱས་ཤཱཀྱ་ཐུབ་པ་ལ་ཕྱག་འཚལ་ལོ། །
桑傑夏迦土布巴拉洽克擦了樓
南無本師釋迦牟尼佛!

ཐབས་མཁས་ཐུགས་རྗེ་ཤཱཀྱའི་རིགས་སུ་འཁྲུངས། །
踏布喀土克傑夏迦日克蘇沖
善巧大悲生於釋迦族,

གཞན་གྱིས་མི་ཐུབ་བདུད་ཀྱི་དཔུང་འཇོམས་པ། །　གསེར་གྱི་ལྷུན་པོ་ལྟ་བུར་བརྗིད་པའི་སྐུ། །
賢吉米土布讀記本恩炯木巴　　洗日吉倫波大布吉貝固
他無能勝大敗魔軍者,　　　猶如黃金須彌莊嚴身——

ཤཱཀྱའི་རྒྱལ་པོ་ཁྱོད་ལ་ཕྱག་འཚལ་ལོ། །
夏迦嘉了玻卻拉洽克擦了樓
釋迦王者我向您頂禮!

གང་གིས་དང་པོར་བྱང་ཆུབ་ཐུགས་བསྐྱེད་ནས། །
港奇當玻日江秋布土克傑內
最初發起殊勝菩提心,

བསོད་ནམས་ཡེ་ཤེས་ཚོགས་གཉིས་རྫོགས་མཛད་ཅིང་། །

雖南木耶謝措克尼佐克這敬

終究圓滿福智二資糧，

དུས་འདིར་མཛད་པ་རྒྱ་ཆེན་འགྲོ་བ་ཡི། །

讀依迪日這巴嘉千卓哇依

於此時代妙行甚偉鉅，

མགོན་གྱུར་ཁྱོད་ལ་བདག་གིས་བསྟོད་པར་བགྱི། །

袞酒日卻拉達克奇對巴日吉

我今禮讚眾生怙主您！

ལྷ་རྣམས་དོན་མཛད་འདུལ་བའི་དུས་མཁྱེན་ནས། །

拉南木敦這讀了維讀依千內

饒益諸天，了知調伏時，

ལྷ་ལས་བབས་ནས་གླང་ཆེན་ལྟར་གཤེགས་ཤིང་། །

拉類帕內浪千大日謝克姓

自天界降，如象而蒞臨；

རིགས་ལ་གཟིགས་ནས་ལྷ་མོ་སྒྱུ་འཕྲུལ་མའི། །

日克拉習內拉莫酒處了美

觀察種性，擇摩耶夫人，

ལྷུམས་སུ་ཞུགས་པར་མཛད་ལ་ཕྱག་འཚལ་ལོ། ｜

倫蘇咻巴[日]這拉洽[克]擦[了]樓

入於母胎妙行我敬禮！

｜ཟླ་བ་བཅུ་རྫོགས་ཤཱཀྱའི་སྲས་པོ་ནི། ｜

達哇[酒]佐[克]夏迦洗玻尼

屆滿十月，為釋迦王子，

བཀྲ་ཤིས་ལུམྦིའི་ཚལ་དུ་བལྟམས་པའི་ཚེ། ｜

札西倫比擦[了]讀當[木]貝冊

生於吉祥藍毗尼園時，

ཚངས་དང་བརྒྱ་བྱིན་གྱིས་བཏུད་མཚན་མཆོག་ནི། ｜

倉當嘉金吉讀參秋[克]尼

梵天帝釋恭敬，具妙相，

བྱང་ཆུབ་རིགས་སུ་ངེས་མཛད་ཕྱག་འཚལ་ལོ། ｜

江秋[布]日蘇欸這洽[克]擦[了]樓

決定菩提種性我敬禮！

｜གཞོན་ནུ་སྟོབས་ལྡན་མི་ཡི་སེང་གེ་ནི། ｜

宣努埵[布]滇米依僧給疊

具力青年人中獅子尊，

ཨ་ག་མ་ག་དྷར་ནི་སྒྱུ་རྩལ་བསྟན། ｜

啊嘎瑪嘎達[日]尼[酒]雜[了]滇

阿迦、摩揭陀國展技藝，

｜སྒྱེ་བོ་དྲེགས་པ་ཅན་རྣམས་ཚར་བཅད་ནས། ｜

傑沃哲[克]巴見南[木]擦[日]介內

折服眾多盛氣凌人者，

འགྲན་ཟླ་མེད་པར་མཛད་ལ་ཕྱག་འཚལ་ལོ། ｜

珍達美巴[日]這拉洽[克]擦[了]樓

無與倫比妙行我敬禮！

འཇིག་རྟེན་ཆོས་དང་མཐུན་པར་བྱ་བ་དང་། ｜｜ཁ་ན་མ་ཐོ་སྤྲང་ཕྱིར་བཙུན་མོ་ཡི། ｜

吉_克滇卻當屯巴_日嘉哇當　　　喀納瑪透邦企_日俊莫依

隨順世間倫常道德法，　　　　亦為斷除罪業諸過患，

འཁོར་དང་ལྡན་མཛད་ཐབས་ལ་མཁས་པ་ཡིས། ｜

扣_日當滇這踏_布拉客巴依

納受妻妾眷屬具方便，

རྒྱལ་སྲིད་སྐྱོང་བར་མཛད་ལ་ཕྱག་འཚལ་ལོ། ｜འཁོར་བའི་བྱ་བ་སྙིང་པོ་མེད་གཟིགས་ནས། ｜

嘉夕炯哇這拉洽擦_了樓　　　扣_日維嘉哇寧玻美習_克內

善巧治理國政我敬禮！　　　眼見輪迴盛事無實義，

ཁྱིམ་ནས་བྱུང་སྟེ་མཁའ་ལ་གཤེགས་ནས་ཀྱང་། ｜མཆོད་རྟེན་རྣམ་དག་དྲུང་དུ་ཉིད་ལས་ཉིད། ｜

慶_木內炯疊喀拉謝_克內江　　卻滇南_木達_克種讀尼類尼

捨離俗家，向虛空飛逝，　　　您於清淨佛塔之跟前，

རབ་ཏུ་བྱུང་བར་མཛད་ལ་ཕྱག་འཚལ་ལོ། ｜

饒_布度炯哇_日這拉洽_克擦_了樓

自行出家妙行我敬禮！

བརྩོན་པས་བྱང་ཆུབ་འགྲུབ་པར་དགོངས་ནས་ནི། ｜ནི་རཉྫའི་འགྲམ་དུ་ལོ་དྲུག་ཏུ། ｜

尊貝江_秋_布竹_布巴_日供內尼　　內連雜尼張讀樓竹_克度

意欲精進修持菩提道，　　　六年坐於尼連禪河畔，

དགའ་བ་སྐྱེད་མཛད་བརྩོན་འགྲུས་མཐར་ཕྱིན་ནས། །

嘎哇介這尊竹踏慶內

行持苦行精進達究竟，

བསམ་གཏན་མཆོག་བརྙེས་མཛད་ལ་ཕྱག་འཚལ་ལོ། །

桑_木滇秋_克涅這拉洽_克擦_了樓

故得最勝禪定我敬禮！

ཐོག་མ་མེད་ནས་འབད་པ་དོན་ཡོད་ཕྱིར། །　　ཁ་ག་ཏ་ཡི་བྱང་ཆུབ་ཤིང་དྲུང་དུ། །

透_克瑪美內佩巴敦約企_日　　瑪嘎達依江秋_布姓種讀

為令無始所作具意義，　　　　**摩揭陀國菩提嘉樹下，**

སྐྱིལ་ཀྲུང་མི་གཡོ་མཛད་པར་སངས་རྒྱས་ནས། །

記_了種米佑溫巴桑傑內

跏趺不動，終現前佛果，

བྱང་ཆུབ་རྫོགས་པར་མཛད་ལ་ཕྱག་འཚལ་ལོ། །

江秋_布佐_克巴_日這拉洽_克擦_了樓

圓滿菩提妙行我敬禮！

ཐུགས་རྗེ་འགྲོ་ལ་ལྱུར་དུ་གཟིགས་ནས་ནི། །

土_克傑卓拉紐_日讀息_克內尼

大悲一時照見諸眾生，

ལྷ་ར་ཏུ་སི་ལ་སོགས་གནས་མཆོག་ཏུ། ཆོས་ཀྱི་འཁོར་ལོ་བསྐོར་ནས་གདུལ་བྱ་རྣམས། །

哇日 阿納西拉梭內秋度　　卻吉扣日樓過日內讀了嘉南木

而於瓦拉那西等聖地，　　轉妙法輪，令所調化眾，

ཐེག་པ་གསུམ་ལ་འགོད་མཛད་ཕྱག་འཚལ་ལོ། །

帖克巴孫木拉貴這洽克擦了樓

入於三乘妙行我敬禮！

གཞན་གྱི་རྒོལ་བ་འདར་ཆར་བཏད་ཕྱིར། །ལུ་སྨྲེགས་སྟོན་པ་དྲུག་དང་ལྷས་བྱིན་སོགས། །

賢吉過哇雅恩巴擦日介企　　木疊克敦巴竹克當類金梭克

折服他人尋釁興難故，　　降六道師、提婆達多等，

འཁོར་མོ་འཇིག་གི་ཡུལ་དུ་བདུད་རྣམས་བཏུལ། །

扣日莫吉克奇 油了讀讀依南木度了

亦於廓莫吉國降魔眾，

ཐུབ་པ་གཡུལ་ལས་རྒྱལ་ལ་ཕྱག་འཚལ་ལོ། །ཞིང་པ་གསུམ་ན་དཔེ་མེད་ཡོན་ཏན་གྱིས། །

土巴油了類嘉拉洽克擦了樓　　夕巴孫木納貝美願滇吉

大勝凱旋能仁我敬禮！　　妙德三界之中莫可喻，

མཉན་དུ་ཡོད་པར་ཆོ་འཕྲུལ་ཆེན་པོ་བསྟན། །ལྷ་མི་འགྲོ་བ་ཀུན་གྱིས་རབ་མཆོད་པ། །

年讀約巴日秋處了千玻滇　　拉米卓哇袞奇饒布卻巴

舍衛國中示顯大神變，　　天人一切眾興大供養，

བསྟན་པ་རྒྱས་པར་མཛད་ལ་ཕྱག་འཚལ་ལོ། ｜｜ལེ་ལོ་ཅན་རྣམས་ཆོས་ལ་བསྐུལ་བྱའི་ཕྱིར། ｜

滇巴傑巴<u>這</u>拉洽_克擦_了樓　　類樓見南_木卻拉古_了傑企_日

教法廣弘妙行我敬禮！　　　**為勸懈怠眾生向佛法，**

རྒུ་མཚོག་གྲོང་གི་ས་གཞི་གཙང་མ་རུ ｜འཆི་མེད་རྡོ་རྗེ་ལྟ་བུའི་སྐུ་གཤེགས་ནས། ｜

雜秋_克種奇薩習藏瑪如　　企美多傑大布_依固謝_克內

於上茅城清淨大地上，　　　**捨下無死猶如金剛身，**

མྱ་ངན་འདའ་བར་མཛད་ལ་ཕྱག་འཚལ་ལོ། ｜

釀雅_恩達哇_日<u>這</u>拉洽_克擦_了樓

圓寂涅槃妙行我敬禮！

ཡང་དག་ཉིད་དུ་འཇིག་པ་མེད་ཕྱིར་དང་། ｜

揚達_克尼讀吉_克巴美企_日當

真實性中本來無壞滅，

མ་འོངས་སེམས་ཅན་བསོད་ནམས་ཐོབ་བྱའི་ཕྱིར། ｜དེ་ཉིད་དུ་ནི་རིང་བསྲེལ་མང་སྤྲུལ་ནས། ｜

瑪嗡森_木見雖南_木透布傑企_日　　疊尼讀尼日<u>恩</u>洗芒竹內

但為未來有情培福故，　　　**旋於彼處化眾多舍利，**

སྐུ་གདུང་ཆ་བརྒྱད་མཛད་ལ་ཕྱག་འཚལ་ལོ། ｜

固董洽傑<u>這</u>拉洽_克擦_了樓

八分遺骨妙行我敬禮！

ཐུབ་བསྟོད་ཆུང་བ་ནི།
佛陀略讚：

གང་ཚེ་ཀུན་གཞིས་གཙོ་བོ་ཁྱོད་བལྟམས་ཚེ།　　　།ས་ཆེན་འདི་ལ་གོམ་པ་བདུན་བོར་ནས།
港冊岡尼佐沃卻淡ᴺ冊　　　　薩千迪拉供ᴺ巴敦玻ᴿ內
那時二足尊您甫降生，　　　　行此大地七步並宣示：

ང་ནི་འཇིག་རྟེན་འདི་ན་མཆོག་ཅེས་གསུངས།　　　།དེ་ཚེ་མཁས་པ་ཁྱོད་ཕྱག་འཚལ་ལོ།
雅尼吉ᵏ滇迪納秋ᵏ介松　　　　疊切客巴卻拉洽ᵏ擦ᵀ樓
「天上地下，唯我獨尊也！」　頂禮當時即具智慧您！

དང་པོ་དགའ་ལྡན་ལྷ་ཡི་ཡུལ་ནས་ཐོན།　　　།རྒྱལ་པོའི་ཁབ་ཏུ་ཡུམ་གྱི་ལྷུམས་སུ་ཞུགས།
當玻嘎滇拉依油ᵀ內卷　　　　嘉ᵀ杯喀度雲ᴺ吉倫蘇咻ᵏ
最初由兜率天降人間，　　　　貴冑王族，入於母胎中，

ལུམྦི་ནི་ཡི་ཚལ་དུ་ཐུབ་པ་བལྟམས།　　　།ཁཙོམ་ལྡན་ལྷ་ཡི་ལྷ་ལ་ཕྱག་འཚལ་ལོ།
倫比尼依擦ᵀ讀土ᵇ巴淡ᴺ　　　　炯滇拉依拉拉洽ᵏ擦ᵀ樓
能仁降生藍毗尼花園，　　　　頂禮薄伽梵尊天中天！

གཞལ་ཡས་ཁང་དུ་མ་མ་བརྒྱད་བཞིས་མཆོད།　　　།ཤཱཀྱའི་གྲོང་དུ་གཞོན་ནུས་རོལ་རྩེད་མཛད།
夏耶康讀瑪瑪傑習卻　　　　夏迦種讀宣努柔ᵀ介這
無量宮中卅二婇女侍，　　　　年少之時嬉戲釋迦城，

 སེར་སྐྱའི་གནས་སུ་ས་འཚོ་ཁབ་ཏུ་བཞེས། །

<u>洗</u>日介內蘇薩揩喀布度謝

迦毗羅衛迎娶耶輸陀，

(註)迦毗羅衛是釋迦族的國名。耶輸陀，全名為耶輸陀羅，是佛陀出家前所迎娶
太子妃的名字。

སྲིད་གསུམ་མཚུངས་མེད་སྐུ་ལ་ཕྱག་འཚལ་ལོ། །

夕孫木 聰美 固拉 洽克擦了樓

頂禮三有無與倫比者！

གྲོང་ཁྱེར་སྐོར་བཞིར་སྐྱོ་བའི་ཚུལ་བསྟན་ནས། །མཆོད་རྟེན་རྣམ་དག་དྲུང་ནས་དབུ་སྐྲ་བསིལ། །

種切日過習日久維促了滇內　卻滇南木達種內悟札西了

遊四城門，示現厭離相，　　清淨塔前落髮而出家，

ནེ་རཉྫནའི་འགྲམ་དུ་དཀའ་ཐུབ་མཛད། །སྒྲིབ་གཉིས་སྐྱོན་དང་བྲལ་ལ་ཕྱག་འཚལ་ལོ། །

內連雜內張讀 嘎土布這　止布尼卷當札了拉洽克擦了樓

尼連禪河岸邊作苦行，　　頂禮永離二障過患尊！

རྒྱལ་པོའི་ཁབ་ཏུ་གླང་ཆེན་སྨྱོན་པ་བཏུལ། །ཡངས་པ་ཅན་དུ་སྤྲེའུས་སྦྲང་རྩི་ཕུལ། །

嘉了杯喀布度朗木千紐恩巴度了　揚巴見讀這維張自普了

王舍城中調伏瘋醉象，　　毗舍離城彌猴獻蜂蜜，

མ་ག་དྷ་རུ་ཐུབ་པ་མངོན་སངས་རྒྱས། །མཁྱེན་པའི་ཡེ་ཤེས་འབར་ལ་ཕྱག་འཚལ་ལོ། །

瑪嘎達如土布巴溫桑傑　千貝耶謝巴日拉洽克擦了樓

於摩揭陀能仁現正覺，　　頂禮智慧迸發廣開者！

ལྭ་ར་ཏུ་སེར་ཆོས་ཀྱི་འཁོར་ལོ་བསྐོར། ｜རྫེ་ཏའི་ཚལ་དུ་ཆོ་འཕྲུལ་ཆེན་པོ་བསྟན། ｜
瓦日ʸ納西日卻記扣日樓過日　　　這疊擦ʸ讀秋處ʸ千玻滇
瓦拉那西轉動妙法輪，　　　　　祇陀園裡展現大神變，

རྩ་མཆོག་གྲོང་དུ་དགོངས་པ་མྱ་ངན་འདས། ｜ཕྱགས་ནི་ནམ་མཁའ་འདྲ་ལ་ཕྱག་འཚལ་ལོ། ｜
雜秋種讀供巴釀雅恩疊　　　　　土克尼南木喀札拉洽克擦ʸ樓
於上茅城密意般涅槃，　　　　　頂禮心意猶如虛空者！

｜ འདི་ལྟར་བསྟན་པའི་བདག་པོ་སངས་རྒྱས་བཅོམ་ལྡན་འདས། ｜
　迪大日　滇貝　達克　玻　桑傑　炯木滇疊
　如此簡略讚頌我教主，

མཛད་པའི་ཚུལ་ལ་མདོ་ཚམ་བསྟོད་པ་ཡི། ｜དགེ་བས་འགྲོ་བ་ཀུན་གྱི་སྤྱོད་པ་ཡང་། ｜
這貝促ʸ拉埵贊木對巴怡　　　　　給維卓哇衮吉倔巴揚
佛薄伽梵行誼之洪範，　　　　　願以此善令諸有情眾，

བདེ་གཤེགས་ཉིད་ཀྱི་མཛད་དང་མཚུངས་པར་ཤོག ｜
疊謝克　尼記這當　聰巴日秀克
所行皆如善逝佛妙行。

ཅེས་བདག་ཅག་གི་སྟོན་པའི་མཛད་པ་ལ་བསྟོད་པ་འདི་ཉིད་འབྲི་གུང་སྐྱོབས་པས་མཛད་པར་གྲགས།
對我等本師行誼所作之此讚，公認為直貢・就巴(吉天頌恭尊者)所造，

རྒྱད་པ་འདི་སློབ་དཔོན་དཔའ་བོས་མཛད་དོ་ཞེས་ཁ་ཅིག་ལས་བྱུང་ངོ།། ｜｜
〈略讚〉則部分出自馬鳴論師所造〔之〈佛所行讚〉〕。

བདེ་བར་གཤེགས་པ་ཁྱེད་སྐུ་ཅི་འདྲ་དང་། །འཁོར་དང་སྐུ་ཚེའི་ཚད་དང་ཞིང་ཁམས་དང་། །
疊哇日謝巴切固吉札當　扣日當古冊 冊當形康木當
願如善逝佛陀您之身、　　眷屬、壽量乃至剎土等，

ཁྱེད་ཀྱི་མཚན་མཆོག་བཟང་པོ་ཅི་འདྲ་བ། །དེ་འདྲ་ཁོ་ནར་བདག་སོགས་འགྱུར་བར་ཤོག །
切記參秋克桑玻記札哇　疊札扣納達梭克酒日哇日秀克
您之殊妙相好亦復然，　　我等咸能唯此般成就！

ཁྱེད་ལ་བསྟོད་ཅིང་གསོལ་བ་བཏབ་པའི་མཐུས། །
切拉 對敬 梭了哇 布大布貝土依
祈以讚頌祈請您之力，

བདག་སོགས་གང་ན་གནས་པའི་ས་ཕྱོགས་སུ། །
達克梭克 港納 內貝 薩秋克蘇
我等凡任居於何方所，

ནད་གདོན་དབུལ་ཕོངས་འཐབ་རྩོད་ཞི་བ་དང་། །
內敦 悟了澎 踏布最 習哇當
病魔貧困諍釁皆平息，

ཆོས་དང་བཀྲ་ཤིས་འཕེལ་བར་མཛད་དུ་གསོལ། །
卻當 札西 佩了哇日 這讀梭了
佛法及諸祥瑞咸增上。

重建尼泊爾雪謙寺——延續愛與慈悲

　　2015 年的大地震，震毀了尼泊爾多處家園，位於首都加德滿都雪謙寺的 500 多名僧侶在 揚希仁波切及給色祖古的帶領下，義不容辭的全力動員，投入救災救護工作，日以繼夜地撫慰災民的心靈。

　　於此同時，尼泊爾雪謙寺也受到了強震的摧殘，多處損毀、牆壁地板龜裂、樑柱結構損傷，專家們評估後，已將雪謙寺大殿及部份樓房列為『危險級建築』，未來將需龐大的整修及重建工程。

　　尼泊爾雪謙寺是 1980 年在頂果欽哲法王監督下，投入最大心血所打造的寺院，每一個細節、每一處角落、每一塊磚瓦、每一幅壁畫，都充滿了法王為延續佛法精神所注入的愛與慈悲。在如此艱困的時期裡，我們非常需要您能伸出援手，衷心期盼您的涓滴成河，得以讓尼泊爾雪謙寺的重建工程能順利進行，讓它恢復往昔的光采輝煌，繼續成為人們心靈庇護與佛法教育的重要殿堂。

寺廟與佛塔能為地方眾生帶來安樂、吉祥的環境，降服一切負面力量，行供養協助廟宇的重建，將為自己與他人帶來無限利益。

【護持方式】

戶名：高雄市顯密寧瑪巴雪謙佛學會

郵政劃撥帳號：42229736（劃撥者請註明 " 賑災 " 及地址電話）

郵局帳號：00411100538261　　ATM 轉帳郵局代碼 700

銀行轉帳：兆豐銀行 017（三民分行）

銀行帳號：040-09-02002-1

劃撥者請註明贊助項目及地址電話，轉帳或匯款請用 e-mail 或傳真告知後 5 碼及姓名地址，方便郵寄可報稅收據。

雪謙寺介紹

康區雪謙寺

　　東藏康區的雪謙寺，是寧瑪派六大主寺之一，1695 年由冉江天佩嘉增建立。成立至今培養出許多偉大的上師，包括：雪謙嘉察、雪謙康楚、米滂仁波切、頂果欽哲仁波切、秋揚創巴仁波切，以及其他許多二十世紀重要的上師，都曾在此領受法教或駐錫在此。雪謙寺一直以來以其諸多上師和隱士們的心靈成就、佛學院的教學品質、正統的宗教藝術（儀式、唱誦、音樂和舞蹈）等聞名於世。

　　不幸的是，1957 年雪謙寺及其 110 座分寺被夷為平地。1985 年，頂果欽哲仁波切在流亡 25 年後回到西藏，於原址重建寺院，如今雪謙寺已重建起來，同時也恢復了部分的寺院活動，此外，也重建了佛學院。

尼泊爾雪謙寺、佛學院和閉關中心

　　尼泊爾雪謙寺是頂果欽哲法王離開西藏後，在尼泊爾波達納斯大佛塔旁所興建的分寺，以期延續西藏雪謙寺祖寺的佛教哲學、實修和藝術的傳統。尼泊爾雪謙寺的現任住持是第七世　雪謙冉江仁波切，冉江仁波切是頂果欽哲法王的孫子，也是心靈上的傳人，法王圓寂後，接下寺院及僧尼教育

的所有重擔及責任，目前有 500 多名僧侶居住在此，並在此
學習佛教哲學、音樂、舞蹈和繪畫等多方面課程。

　　仁波切也在此建立雪謙佛學院和雪謙閉關中心（南摩布
達旁僻靜處），來擴展寺院的佛行事業。此外，為了延續唐
卡繪畫的傳統，也建立了慈仁藝術學院，提供僧眾及海外弟
子學習唐卡繪畫，延續珍貴的傳統藝術。

　　冉江仁波切在僧團內創立了一個完善的行政體系和組
織，成為佛法教育、寺院紀律、佛行事業、正統修法儀式和
實修佛法的典範。

印度菩提迦耶的雪謙寺和佛學中心

　　1996 年　冉江仁波切承續　頂果欽哲仁波切志業，在
菩提迦耶建立了菩提迦耶雪謙寺。寺廟距離正覺佛塔只有幾
分鐘的步行路程。除了寺院主殿外，還有設置僧房、客房、
圖書室、國際佛學研究中心及佛塔等。此外，也成立了流動
診所和藏醫診所，服務當地的居民。

　　承襲頂果欽哲法王志業，冉江仁波切也在印度八大聖地
興建佛塔，除了菩提迦耶的國際佛學中心外，在舍衛國等幾
處聖地亦設有佛學中心。雪謙佛學研究中心定期提供深度研
習佛教哲學和實修的課程，開放給來自世界各地的學生。另
外，也陸續邀請寧瑪派及其他傳承的上師前來闡釋佛教經
典，並且給予口傳。

不丹雪謙比丘尼寺

　　除了僧眾教育外，雪謙傳承也著力在復興比丘尼的佛學教育，頂果法王離開西藏後，在不丹雪謙烏金郤宗設立1座比丘尼寺，並在此傳授了許多重要的法教。目前，比丘尼寺內有100多名比丘尼，由2位雪謙佛學院的堪布在此教授讀寫、禪修等密集課程，完成基礎課程後，也同男僧般給予尼師們9年的佛學院課程。目前寺院內已有尼師們圓滿9年的佛學院課程，並且有2批尼師們圓滿了3年3個月的閉關實修課程。這些虔心向法的女性人數日益增加，冉江仁波切也規劃在此設立1處尼眾的閉關中心。

雪謙傳承上師介紹

頂果欽哲仁波切

頂果欽哲仁波切是在西藏完成教育和訓練、碩果僅存的幾個有成就的上師之一，被公認為最偉大的大圓滿上師之一，也是許多重要喇嘛的上師，包括達賴喇嘛尊者、秋揚創巴仁波以及其他來自西藏佛教四大宗派的上師。頂果欽哲仁波切在不同領域都有所成就，而對一般人而言，這每一種成就似乎都要投入一輩子的時間才可能達成。仁波切曾經花了二十年的時間從事閉關，撰寫二十五卷以上的佛教哲理和實修法門，出版並保存了無數的佛教經典，以及發起無數的計畫來延續和傳播佛教思想、傳統和文化。然而，他認為最重要的一件事是，他自身所了悟和傳授的法教，能夠被其他人付諸實修。頂果欽哲仁波切深深觸動了東西方的弟子的心靈；他生生不息的法教和慈悲行止，正透過仁波切海內外的弟子努力延續下去。

頂果欽哲揚希仁波切

頂果欽哲揚希仁波切是頂果欽哲仁波切的轉世，1993年6月30日出生於尼泊爾。由頂果欽哲仁波切最資深、最具證量的弟子楚西仁波切尋找認證。在尋找的過程中，楚西

仁波切擁有許多夢境和淨見，清楚地指出轉世靈童的身分。揚希仁波切的父親是錫給丘林仁波切明久德瓦多傑，第三世秋吉德謙林巴的化身，祖古烏金仁波切的子嗣；母親是德謙帕嫝；仁波切出生　於藏曆雞年五月十日蓮師誕辰的那一天，並由尊貴的達賴喇嘛尊者証實是「札西帕久（頂果欽哲仁波切的名諱之一）正確無誤的轉世」。

　　1995 年 12 月，楚西仁波切在尼泊爾的瑪拉蒂卡聖穴為欽哲揚希仁波切舉行典禮，　賜名為烏金天津吉美朗竹。1996 年 12 月在尼泊爾雪謙寺，正式為欽哲揚希仁波切舉行座床大典，有數千位從世界各地前來的弟子參加典禮者。

　　目前欽哲揚希仁波切已完成相關佛學及實修課程，並從前世弟子，如：楚西仁波切、揚唐仁波切等具德上師處領受過去傳授給這些弟子的法教、灌頂及口傳，並於 2010 年向全世界正式開展其佛行事業。2013 年起，因冉江仁波切開始進行 3 年閉關，年輕的欽哲揚希仁波切也肩負起雪謙傳承相關佛行事業的重責大任，領導所有的僧團並授予法教。

雪謙冉江仁波切

　　雪謙冉江仁波切出生於 1966 年，是頂果欽哲仁波切的孫子和法嗣，由頂果欽哲仁波切一手帶大。從 3 歲起，冉江仁波切開始領受祖父頂果欽哲仁波切所傳的法教，直至今日，仁波切是這個從未間斷的傳承的持明者。　冉江仁波切

幾乎參與頂果欽哲仁波切在二十五年間所主持的每一個傳法開示、竹千大法會和灌頂。並隨同頂果欽哲仁波切遊歷世界各地。

　　自從祖父頂果欽哲仁波切圓寂之後，冉江仁波切擔負起傳佈頂果欽哲仁波切法教的重責大任。包括承接了康區雪謙寺祖寺、尼泊爾雪謙寺、印度菩提迦耶雪謙寺、雪謙佛學院、雪謙閉關中心、八大聖地佛學中心及不丹比丘尼寺等龐大的僧團及佛學教育體系。另外，也在世界各地設置雪謙佛學中心，以弘揚雪謙傳承的教法，包括：法國、英國、墨西哥、香港、台灣等地，皆有由仁波切直接指派堪布在各地雪謙佛學中心給予海外弟子授課及傳法。

　　除了在尼泊爾、不丹及海外的佛學教育及文化保存工作，冉江仁波切也透過頂果欽哲基金會，回到藏地從事人道關懷及公益工作。2001 年以來頂果欽哲基金會在西藏各個地區〈康區、安多和西藏中部〉發起並監督多種人道計畫。內容包括：偏遠藏區的基礎建設（如：橋樑等）、醫療、學校及佛學院的興建、資助比丘尼、老人、孤兒及學生的援助等人道關懷。由於冉江仁波切的慈悲及努力不懈，也實現了頂果欽哲仁波切保存延續西藏佛教法教和文化的願景。

台灣雪謙寺的法脈傳承
歡迎您的加入與支持

　　雪謙法脈在台灣的佛學教育主要由堪布負責，堪布即為佛學博士，須在　雪謙冉江仁波切座下接受嚴格指導和正統佛學教育，並完成研習佛教經典、歷史以及辯經的九年佛學課程，對顯教密咒乘的典籍，都有妥善的聽聞學習完畢，其法教傳承實為珍貴難得。

　　目前尊貴的　雪謙冉江仁波切分別指派堪布　烏金徹林及堪布　耶謝沃竹來擔任高雄及台北佛學中心之常駐，負責中心的發展。

　　二處佛學中心所要傳遞給世人的是源自諸佛菩薩、蓮花生大士乃至頂果欽哲仁波切以來，極為清淨之雪謙傳承教法，而本教法的精神所在，也在教導世人如何學習並俱足真正的慈悲與智慧。秉持著這樣殊勝的傳承精神，佛學中心在二位堪布的帶領下，以多元的方式來傳遞佛陀的教法，期盼由此可以讓諸佛菩薩無盡的慈悲與智慧深植人心，帶領一切有情眾生脫離輪迴苦海。

　　台灣雪謙佛學中心是所有對　頂果欽哲法王及　雪謙冉江仁波切有信心的法友們的家，對於初次接觸藏傳佛教的信眾，不論任何教派，也非常樂意提供諮詢建議，期許所有入門者皆可建立起正知見及正確的修行次第。二位常駐堪布規

劃一系列佛法教育及實修課程，由此進一步開展雪謙傳承教法予台灣的信眾們，讓所有人都有機會親近及學習頂果法王的教法。

目前台北及高雄固定的共修活動有：前行法教授、文殊修法、綠度母共修、蓮師薈供、空行母薈供、………，也不定期舉辦煙供、火供、除障、超度…等法會。

我們竭誠歡迎佛弟子們隨時回來禮佛並參與共修及各項活動。

護持佛事，成就自他

　　尼泊爾及不丹雪謙寺均由尊貴的頂果法王所創辦，印度雪謙寺則由尊貴的冉江仁波切繼承法王遺願所完成，目前約有五百多名前來各地雪謙寺接受佛學院、

　　閉關中心、唐卡藝術等完整佛學教育的僧尼。我們需要您的協助來支持所有僧尼們在食、衣、住、醫療等方面的開銷，使他們得以順利繼承豐富的傳統文化及殊勝的法脈傳承。

　　每年各雪謙寺都有新舊設施之成立與修建工程、年度各法會活動與盛典持續在進行，這些活動均需要您的力量才能圓滿完成！

　　若您願意隨喜發心護持以下佛事，我們衷心感謝！

一、護持寺院建設：每年需約 NT 50,00000

　　（1）印度斯拉瓦斯帝（舍衛國）將興建容納約五百人之佛學院

　　（2）印度八大佛塔的興建與維護

　　（3）不丹阿尼寺閉關房的重建

　　（4）雪謙醫療診所的營運

二、護持寺院活動：每年需約 NT 30,00000

　　（1）僧尼教育基金

　　（2）印度、尼泊爾、不丹聖地點燈

　　（3）結夏安居齋僧

　　（4）年度竹千法會

您可循下列方式捐助善款，並與我們聯繫！

郵局劃撥帳號：42229736

郵局帳號：00411100538261　ATM 轉帳郵局代碼 700

帳戶名稱：高雄市顯密寧瑪巴雪謙佛學會

ATM 轉帳：兆豐銀行 017（三民分行）

銀行帳號：040-09-02002-1

帳戶名稱：高雄市顯密寧瑪巴雪謙佛學會

地　　址：高雄市三民區中華二路 363 號 9F-3

聯 絡 人：0919-613802（張師兄）

電　　話：(07) 3132823

傳　　真：(07) 3132830

E - m a i l：shechen.ks@msa.hinet.net

網　　站：http://www.shechen.org.tw

您的善心終將涓滴成河，使雪謙傳承得以成就更多佛事，圓滿更多利他事業！

頂果法王心意伏藏
實修入門講座報名表

　　從最初的四轉心到上師瑜珈乃至三根本大圓滿法密乘法門是需要循序漸進的學習與實修，臺灣雪謙中心將對 頂果欽哲法王所取出的心意伏藏－「貝瑪寧體」展開一系列由淺入深，由外至密的課教授，內容依次第包含了從初階的四加行、中階的上師相應法、高階的三根本至密階的大圓滿法。

　　◎目前將由中心勘布烏金徹林對「實修入門」－四加行的前行教授開始。第一階段課程內容包含了從基礎的七支坐法、語加持、九節佛風、皈依發心、大禮拜到金剛薩埵百字明觀修。

　　教授堪布：雪謙高雄常駐——堪布烏金徹林於本課程教授中再再慈悲叮嚀：「頂果法王的教言中一再提到前行法的重要性，如同建造房屋的地基，地基穩固的重要性是無庸置疑。前行實修對於入門的修行者是非常重要的，而修持前行之目的，不僅僅能為自身累積福德資糧，更能使行者自心清淨，調伏安忍情緒，堅定正知正念，為成佛證悟之道奠下穩固的基礎。」

姓名：　　　　　　　　　　　　　已皈依：□是　　□否

電話：　　　　　　　　　　　　　性　別：□男　　□女

住址：

講座地點：高雄－高雄市三民區中華二路 363 號 9F-3（高雄中心）
　　　　　台中－台中全德佛教文物
　　　　　　　台中市西區英才路 583 號
　　　　　台北－台北市中山區龍江路 352 號 4 樓（台北中心）

開課日期：高雄每月第一個星期日上午 10：00
　　　　　台中每月第二個星期六下午 02：00
　　　　　台北每月第二個星期日上午 10：00

報名傳真：07-3132830
報名 mail：shechen.ks@msa.hinet.net　　http://www.shechen.org.tw
報名電話：07-3132823　　　0919613802（張師兄）

修行百頌
項慧齡 譯
定價：260 元

《修行百頌》是十一世紀的偉大學者帕當巴‧桑傑的心靈證言，由頂果欽哲法王加以論釋，義意深奧又簡明易懂。

你可以更慈悲
項慧齡 譯
定價：350 元

本書是法王頂果‧欽哲仁波切針對藏傳佛教最受尊崇的法典「菩薩三十七種修行之道」所做的論釋。

證悟者的心要寶藏（嗡嘛呢唄美吽）
劉婉俐 譯
定價：280 元

在本書中以特別易懂、易學的方式，陳述了完整的學佛之道；從最基礎的發心開始，臻至超越了心智概念所及對究竟真理的直接體悟。

覺醒的勇氣
賴聲川 譯
定價：220 元

本書是頂果欽哲法王針對「修心七要」所做的論著。「修心七要」是西藏佛教所有修持法門的核心。

如意寶
丁乃竺 譯
定價：260 元

依著第十八世紀聖者持明吉美林巴所撰述的上師相應法之修持教義，頂果欽哲法王在本書中，也著重於傳授上師相應法的虔誠心修行，也就是與上師的覺醒心合而為一。

成佛之道
楊書婷 譯
定價：250 元

本書是頂果欽哲法王針對蔣揚‧欽哲‧旺波上師所撰的金剛乘前行法之重要修持加以闡述，明示了金剛乘修持的心要。

明月：頂果欽哲法王自傳與訪談錄
劉婉俐 譯
定價：650 元

本書分為兩大部分：第一篇是頂果‧欽哲仁波切親自撰寫的自傳，第二篇為仁波切的主要弟子的訪談記事。是深入了解頂果法王生平、修學過程與偉大佛行事業的重要文獻與第一手資料，值得大家珍藏、典閱與研學。

明示甚深道：《自生蓮花心髓》前行釋論
劉婉俐 譯
定價：300 元

本書是頂果欽哲仁波切主要的心意伏藏之一，從前行法直到最高階修法的大圓滿，此書是前行的珍貴講解。

【雪謙精選大師系列】

遇見‧巴楚仁波切
巴楚仁波切 Patrul Rinpoche 著
定價：200 元

本書以一位年輕人和一位老人之間的對話形式來撰寫。充滿智慧的老者讓年輕人狂野的心平靜下來，並帶領著年輕人進入道德倫常的優美境界之中。

大藥：戰勝視一切為真的處方
雪謙‧冉江仁波切
Shechen Rabjam Rinpoche 著
定價：250 元

本書探索菩提心的根基、慈悲的內在運作、空性的見地，以及實際將這些了解應用於修道的方法。

西藏精神—頂果欽哲法王傳 （精裝版）
馬修‧李卡德 著 賴聲川 編譯
定價：650 元

頂果欽哲法王是一位眾所周知的大成就者，與其接觸者無不為其慈悲和智慧所攝受，隨著法王的心進去了佛心。

西藏精神—頂果欽哲法王傳（DVD）
定價：380 元

第一單元由賴聲川 中文口述
第二單元由李察基爾 英文口述

揚希—轉世只是開始（DVD）
定價：500 元

甫一出生，我就繼承欽哲仁波切的法炬；現在，該是我延續傳燈的時候了。

明月：瞥見頂果‧欽哲仁波切（DVD）
定價：380 元

導演 涅瓊‧秋寧仁波切

祈請：頂果欽哲法王祈請文（CD）
定價：300 元

此為頂果欽哲法王祈請文，由寧瑪巴雪謙傳承上師─雪謙冉江仁波切 唱頌

憶念：頂果仁波切（CD）
定價：300 元

在 2010 年 頂果欽哲法王百歲冥誕，雪謙冉江仁波切為憶念法王，所填寫的詞，由阿尼雀韻卓瑪等唱頌，在這虔誠的歌曲聲中，再再融入法王遍在的慈悲和智慧。（內附音譯、中藏文歌詞）

「書一出生，我就繼承欽哲仁波切的法脈；
現在，該是我延續傳燈的時候了。」

轉世只是開始

前世的悲願

今生的奉獻

圓滿

菩提之心　成就之路

DVD 現正發行中

　　尊貴的　頂果欽哲揚希仁波切本名為鄔金・天津・吉美・倫珠，他是藏傳佛教備受尊崇之偉大上師的轉世。仁波切從四歲開始接受訓練，以承續這個傳承。即使擁有多位上師以及家人的慈愛與扶助，前方之路依舊充滿了挑戰：其中包括攸關其傳承在現代社會所扮演的角色，和他自身的才能等問題，仍會一一浮現、考驗著這位轉世。

　　本片花了十四年的時間走訪了不丹、尼泊爾、印度、法國、美國等地拍攝，完整紀錄揚希仁波切的成長歷程，並由仁波切以自述方式帶領我們進入藏傳佛教平易近人的生活樣貌，揭顯了這位重要轉世者不凡的精神層面。

　　片中收錄了達賴喇嘛、頂果欽哲揚希仁波切、宗薩欽哲仁波切、日噶康楚仁波切、吉美欽哲仁波切、雪謙冉江仁波切、措尼仁波切、馬修李卡德等多位當代著名上師的重量級訪談，精彩罕見、不容錯過。

　　另附精彩花絮：2008 年雪謙寺藏曆新年慶典—雪謙寺金剛舞、2010 年頂果法王百歲冥誕紀念法會、2010 年揚希仁波切首度世界巡訪（包括歐洲之行、亞洲之行）及不丹本塘之旅等。

頂果欽哲法王文選 10

醒心
止觀瑜伽法門

國家圖書館出版品預行編目資料

醒心：止觀瑜伽法門 / 文殊怙主米滂仁波切作；敦
　珠貝瑪南嘉（張昆晟）譯 . -- 初版 . -- 高雄市：雪
　謙文化 , 2015.05
　面；　公分 . -- (頂果欽哲法王文選；10)
ISBN 978-986-90066-1-3(平裝)

1. 藏傳佛教 2. 佛教修持

226.96615　　　　　　　　　　　104007126

作　　者　文殊怙主米滂仁波切

顧　　問　堪布烏金・徹林（Khenpo Ugyen Tshering）

譯　　者　敦珠貝瑪南嘉（張昆晟）

審　　定　蓮師中文翻譯小組

發 行 人　張滇恩，葉勇瀅

出　　版　雪謙文化出版社

　　　　　戶名：雪謙文化出版社

　　　　　銀行帳號：兆豐國際商業銀行　三民分行（代碼 017）040-090-20458

　　　　　劃撥帳號：42305969

　　　　　http://www.shechen.org.tw　e-mail：shechen.ks@msa.hinet.net

　　　　　手機：0963-912316　傳真：02-2917-6058

台灣雪謙佛學中心

高雄中心　高雄三民區中華二路 363 號 9F-3

　　　　　電話：07-313-2823　傳真：07-313-2830

台北中心　台北市龍江路 352 號 4 樓

　　　　　電話：02-2516-0882　傳真：02-2516-0892

行銷代理　紅螞蟻圖書有限公司

　　　　　地址：台北市內湖區舊宗路 2 段 121 巷 28、32 號 4 樓

　　　　　電話：02-27953656　傳真：02-27954100

印刷製版：中原造像股份有限公司

初版一刷：2015 年 5 月

初版二刷：2020 年 5 月

ISBN：978-986-90066-1-3（平裝）

定價：新臺幣 250 元